编委会

21世纪新型中学体育校本教程

跆拳道

曾庆国　张玉妹　龙建华　余伟超　主编

暨南大学出版社
JINAN UNIVERSITY PRESS

图书在版编目（CIP）数据

跆拳道／曾庆国，张玉妹，龙建华，余伟超主编. —广州：暨南大学出版社，2009.8
ISBN 978-7-81135-332-7

Ⅰ.跆… Ⅱ.①曾…②张…③龙…④余… Ⅲ.跆拳道—中学—教材 Ⅳ.G634.961

中国版本图书馆 CIP 数据核字（2009）第 111574 号

出版发行：暨南大学出版社

地　址：中国广州暨南大学
电　话：总编室（8620）85221601
营销部（8620）85225284　85228291　85220693（邮购）
传　真：（8620）85221583（办公室）　85223774（营销部）
邮　编：510630
网　址：http：//www.jnupress.com　http：//press.jnu.edu.cn

排　版：暨南大学出版社照排中心
印　刷：暨南大学印刷厂

开　本：787mm×960mm　1/16
印　张：7.875
版　次：2009 年 8 月第 1 版
印　次：2009 年 8 月第 1 次

定　价：9.00 元

前 言

21 世纪是生命科学的世纪。大众对健康的关注正不断增强，健身的热情不断高涨，跆拳道正是大众健身运动百花园中一朵令人瞩目的新花。跆拳道运动以其深厚的文化内涵、实用的健身价值、丰富的练习内容而深受健身爱好者喜爱，选择练习跆拳道的健身者日益增多。

跆拳道运动的内容丰富多彩，无论是品势还是实战，其动作结构、技术要求、风格、运动量等都有着不同的特点，可使不同年龄、体质、性别、职业的爱好者根据实际情况加以选择，而且不受时间、季节的限制，场地器材也可因陋就简，练习极为方便。跆拳道运动倡导的是“以礼始，以礼终”的崇礼尚武精神，具有独特的魅力，集健身、娱乐为一体。它通过竞赛、品势和功力检验等运动形式，使练习者在艰苦的磨炼中培养出理想的人格和体魄，并能够真正掌握防身自卫的本领，让体育天赋不同的学生都可以享受跆拳道的乐趣，做到人人参与。

跆拳道运动与田径、体操、球类等竞技体育项目不同，它训练周期短，有天赋的运动员通过短时间的系统训练就可以驰骋疆场。广东华侨中学的实践证明了这一点：在短短的五年时间内，华侨中学参加全国、省、市、区各类型的中学生跆拳道比赛，荣获奖牌一百多枚，多名学生更是登上了全国冠军的领奖台！

教育改革的深入使得中学体育与健康课程的教学内容更加丰富多彩，也更符合青年学生的个性化要求。在众多可供学生选择的锻炼内容中，跆拳道是颇受学生欢迎的运动，作为校本课程引入学校课堂，对增强学生的体质、启迪学生的智慧、培养学生坚韧不拔的意志和自我展现的能力有着潜移默化的功效和不可替代的作用。

本书的成功编写，要感谢体育教育部门有关领导的大力支持；感谢暨南大学出版社陆祖康编辑的大力帮助。希望本书对刚刚涉足跆拳道运动的读者在学习和掌握跆拳道理论方面能起到积极作用；同时也请有关专家、学者提出意见，以便反复修改，使之日臻完善。

编者

2009 年 8 月

目　录

第一章　跆拳道运动概述

【学习目标】

通过学习跆拳道运动的理论知识，了解该运动的起源与发展、特点与价值，了解其级别、段位及训练等情况，明确参与跆拳道运动的努力方向和目标，从而树立信心，积极参加。

第一节　什么是跆拳道

跆拳道是一项利用拳和腿进行搏击的对抗性运动。它通过竞赛、品势和功力检验等运动形式，使练习者增强体质，掌握实战技术，培养坚韧不拔的意志品质。

跆拳道起源于朝鲜半岛，是一项既能强身健体又能防身自卫的传统搏击术，也是一项新兴的集健身、竞技、娱乐为一体的现代竞技体育运动，更是一项以“拳”为形、以“道”为神的武道运动。它集力学、兵学、哲学、医学、伦理学为一体，以技击格斗为基础，以修身养性为核心，以磨炼人的意志、振奋人的内在的精神气质、培养习练者良好的礼仪道德为目的。

所谓跆拳道，“跆”（TAE），意思为用脚踢、用脚踹，这与中国《辞海》中关于“跆”字的解释非常吻合，即为踩踏、蹬踏之意；“拳”（KWON）意指用拳击打；“道”（DO）既是练习的方法，又是一种精神，指技击方法、心得、精神、文化及道德、伦理等的结合。跆拳道的技术动作是一种利用拳和腿相结合的艺术方法。它是以腿法为主的功夫，其腿法占70%。跆拳道的套路共有24套；另外还有兵器、擒拿、摔锁、对拆自卫术及10余种基本功夫。跆拳道是以东亚文化为背景的一项朝鲜武术，以东方心灵为土壤，承继长久传统，倡导“始于礼，终于礼”的崇礼尚武精神。

今日的跆拳道已不只是一种具有高度攻击能力的武术，而且还是一种精巧的形体艺术和健身运动。技巧及控制力是跆拳道学习者必须具备的基本素质。每项技巧都富有刺激性与竞争性。跆拳道以赤手空拳进行训练，培养毅力和爆发力，训练习练者如何运用一拳一腿在适当的环境中保护自己。可使手腿练成可畏的武器，在专心致志的情况下出击，常可产生一击必杀的惊人破坏力。这种力量是内功与外功综合作用的结果。跆拳道是一种全身性运动，运用骨骼、肌肉、关节的活动来调整身体。它的动作适应人体生理特点，加之修炼过程有合理的阶段性，因此具有严谨的科学性。其训练程序可归纳为：反省—判断—勇气—信心—自卫—自恃—独立—沉着—领导—勇气—合作—爱国。

精通跆拳道的基本功和套路后，学习者就可以学习自由对抗，并借此相互磨炼，建立彼此之间真心信赖的关系，而绝不仅仅是把它当作偏重于护身的一项技术。跆拳道运动不但培育具有护国卫民的坚毅卓越的精神力量，而且还是一种具有锻炼谦让、宽容精神的活动。跆拳道运动凶猛强悍，以人为实验攻击对象，非常危险。故高手们都以砖瓦或木板为攻击对象来显露身手，并且经常将攻击目标抛向空中，然后跳起击破。对抗练习或比赛时，双方都必须穿戴护具，以保护身体的重要部位。

第二节　跆拳道的起源与发展

一、古代跆拳道

跆拳道起源于朝鲜民族远古先民的生存需要。在原始社会中，先民为生存，必须同自然界的野兽搏斗，本能地产生了各种搏斗的方法。随着社会的发展，生活环境不断变化，人与人之间相互争斗，要求人们要有强健的体魄并掌握一定的搏斗技能。跆拳道的产生可以溯源于古代朝鲜半岛时期。

约在公元前1世纪，朝鲜半岛由高句丽、新罗、百济三国鼎立时代起，直至高丽、李朝时代，民间盛行“跆跟”、“手搏”、“花郎道”等武艺活动。由于各王朝之间纷争不断，为适应争斗的需要，各王朝都把各类搏斗技能引入军队中，作为士兵必修的项目，进行严格的训练，并作为选拔士官的一种手段。在漫长的岁月中，这种由本能的强健体魄和自卫而产生的搏斗逐渐演化为有目的、有意识的斗技活动，从而形成了古代跆拳道的雏形。

二、现代跆拳道

过去朝鲜的这种自卫术名称烦乱，并且不统一，如“跆跟”、“手搏道”、“空手道”、“唐手道”等。1961年9月，韩国成立了唐手道协会，后更名为跆拳道协会。为使自卫术的名称得以统一，将自卫术统称为“跆拳道”，并作为全国运动会正式竞赛项目。1966年，第一个国际跆拳道联盟（ITF）成立，崔泓熙任首届联盟主席。1973年5月，在汉城成立了世界跆拳道联合会（WTF），金云龙当选为主席。1975年，世界跆拳道联合会被正式接纳为国际体育联合会的会员。1980年，国际奥委会正式承认了世界跆拳道联合会。1986年，跆拳道成为第十届亚运会正式比赛项目。1994年，国际奥委会正式将跆拳道列入2000年奥运会比赛项目。在短短的20多年里，跆拳道运动得到了迅速发展。目前世界上已有160多个国家和地区，约7 000万人参与跆拳道运动。以跆拳道为比赛项目，每年举办一次世界锦标赛和世界杯比赛。跆拳道也是世界大学生运动会、友好运动会、东南亚运动会、南美运动会、南太平洋运动会、世界军人运动会等一系列国际体育比赛的正式比赛项目。

跆拳道创始人崔洪熙将军

三、中国跆拳道运动的发展

1992年10月，中国跆拳道协会筹备小组成立。1994年5月，在河北省举行了首届全国跆拳道教练员和裁判员学习班；同年9月，在云南省昆明市举行了第一届全国跆拳道比赛，有15个单位共150多名运动员参赛。1995年5月，共有22个单位的250名运动员参加了在北京体育大学举行的第一届全国跆拳道锦标赛，从此，跆拳道在中国迅速发展起来；同年8月，中国跆拳道协会正式成立，魏纪中当选为第一任协会主席；11月，中国跆拳道协会被世界跆拳道联盟接纳为正式会员。1997年11月，在香港举行的世界跆拳道锦标赛上，我国女子43公斤级选手黄鹂获得该级别银牌。1998年5月，在越南举行的第十三届亚洲跆拳道锦标赛上，贺璐敏为中国赢得了第一枚亚洲跆拳道比赛金牌。1999年6月，在加拿大埃德蒙多举行的世界跆拳道锦标赛上，我国女运动员王朔战胜多名世界跆拳道高手，获得女子55公斤级冠军，这是我国跆拳道运动员获得的第一个世界冠军。接着在法国里昂举行的跆拳道世界杯赛上，我国选手贺璐敏、孔繁桃又各获一枚金牌。2000年9月，在澳大利亚悉尼举行的第二十七届奥运会上，我国选手陈中获得跆拳道女子67公斤以上级金牌，成为我国第一位奥运会跆拳道冠军获得者。2004年8月，在希腊雅典奥运会上，罗微为我国赢得了女子67公斤级的金牌，陈中在女子67公斤以上级卫冕成功，陈诗欣在女子49公斤级、朱木火在男子58公斤级为中国台北夺得两枚金牌。2008年9月，在中国北京举行的第二十九届奥运会上，我国选手吴静珏获得跆拳道女子49公斤级的金牌。

四、奥运会风云人物——陈中的故事

对于陈中来说，能够在连续两届奥运会都拿到金牌，这曾经是她想也不敢想的事情。用她自己的话来说，“能练上十几年不放弃跆拳道就已经是个奇迹了”。但是，在启蒙教练陈立人的帮助和自己的努力之下，陈中不仅创造了奇迹，还让奇迹闪耀出更耀眼的光芒。

十一年师徒情缘

1985年，在河南焦作的业余体校，陈立人从一群打篮球的女孩子里一眼就挑中了陈中，从而开始了他们长达11年的师徒情缘。出生于1982年的陈中是家中的独生女，她的身上也有一些同龄女孩子常会有的毛病。“我就是一个娇生惯养的人”，谈到自己的时候陈中很实事求是，“我都想象不到我能坚持下来，能跟着陈老师这样一路练下来”。

在2000年悉尼奥运会上夺冠之后，由于伤病的原因，陈中心情一度十分低落。为了安慰她，陈立人偷偷嘱咐队里其他人多和陈中交流，还将自己的爱犬拿给陈中玩。而在陈中面对比赛打退堂鼓的时候，陈立人也不留情面地点醒了她。“当时陈老师来到队里和我的第一次谈话就是，‘你到底还要不要练？如果你要练就好好练，如果不练就给我回家'"，陈中回忆起对自己运动生涯至关重要的一次谈话，“他这句话很伤我，伤得我哭了挺久的”。虽然从感情上有些过不去，但正是那次谈话让陈中最后又站在了赛场上。

陈中不会忘记自己在奥运会夺冠后第一个拥抱的就是陈立人，那样的一个拥抱让她始终难以忘怀。“女孩子真是这样，她信赖一个人的时候，她会心甘情愿为他做任何事情”。尽管中了陈立人的欲擒故纵之计，但陈中没有任何怨言。因为她知道，教练这么做都是为了她好。

2004 年 8 月 30 日，雅典奥运会最后一个比赛日，很多人都期待着中国代表团的第 32 枚金牌能在陈中参加的 62 公斤以上级的跆拳道比赛中产生。在距离比赛结束还有 35 秒时，陈中以 9 比 5 领先，这时她被法国选手巴维尔踢中膝盖倒在场边。

在雅典奥运会之前，陈中的右膝就受了伤，后十字韧带断裂。当时她甚至连行走都十分困难，只能扶着墙慢慢地移动。这一次，陈中还能站起来吗?

始终站在场边的陈立人冲了上去：“咬牙、咬牙，坚持，30 秒的时间很快就过去了!”陈立人大声喊着，同时用手狠狠拍了拍爱徒的脑袋。他要用自己的力量鼓舞陈中，让她重新回到比赛场上。

陈中终于坚持到了最后，在雅典奥运会的最后一天，她为中国赢得了第 32 枚金牌。四年前在悉尼，她同样是在最后一个比赛日为中国赢得了第 28 枚金牌。四年一个轮回，陈中又一次站在了最高领奖台上。这一次她长大了!

第三节　跆拳道运动的特点

一、以腿为主，手腿并用，主要关节武器化

跆拳道技术动作中占主导地位的是腿法，腿法技术在整体运用中约占 3/4，因为腿的长度和力量分别是人体中最长、最大的。腿的技法有很多种形式，可高可低，可远可近，可左可右，可直可屈，可转可旋，威力极大，是比赛时得分和实用制敌的最有效方法。其次是手法，手臂的灵活性好，可以自如地控制、完成防守和进攻动作，同时也可以变化为拳、掌、肘、肩等多种技法。人体的一些主要关节部位亦可以用作进攻的武器或防守的盾牌，如人体的腕、肘、膝、踝等关节部位是跆拳道实战中最常用、最有效的击打武器。

二、方法简捷，刚直相向，少用躲闪防守法

不论是在比赛中还是在实战中，跆拳道的进攻方法都是十分简捷而有效的。对抗时双方都是直接接触，以刚制刚，用简练硬朗的方法直接打击对方，或拳或腿，速度快，变化多；防守的动作也是以直接的格挡为主，随即是连续的反击动作。防守时很少使用躲闪防守法，追求刚来刚往，硬拼硬打，尽可能保持或缩短双方之间的距离，以增强击打的有效性，在近距离搏斗中争取胜利。

三、内外兼修，方法独特，以功力测验水平

跆拳道理论认为，经过专门训练，人的关节部位能产生巨大的威力，特别是脚、拳、肘、膝四个部位。长期专门练习跆拳道，可以使人达到内外合一的程度，即内功和外力达到统一。至于人体关节部位武器化的威力和潜力到底有多大，可通过对木板、砖瓦等物体的击打来测量验证。功力测验是跆拳道训练水平、晋级考试、表演和比赛的一个重要内容，可以显示出跆拳道独特的功法和特点。

第四节　跆拳道运动的价值

一、精神价值

跆拳道是以技击格斗为基础，以修身养性为核心，以磨炼意志、振奋精神为目的的体育运动。跆拳道运动倡导“以礼始，以礼终”的崇礼尚武精神，推崇“礼仪廉耻，百折不屈”。

跆拳道精神包括：礼仪、廉耻、忍耐、克己、百折不屈。

（一）礼仪

跆拳道练习虽然是以双方格斗的形式进行，但不管对抗怎样激烈，由于双方都是以提高技艺和磨炼意志品质为目的，所以在双方内心深处都必须保持对对方的敬意和向对方学习的心态。因此，在练习或比赛前后都一定要向对方敬礼，以体现跆拳道运动倡导的“以礼始，以礼终”的

崇礼尚武精神。由于跆拳道是对习练者精神和身体的综合修炼，使习练者在艰苦的磨炼中培养出理想的人格和体魄，并能够真正掌握防身自卫的本领，因而在习练者的精神修炼上必须包括“礼仪”的教育和熏陶。“礼仪”是跆拳道运动必不可少而且十分重要的组成部分。

1. 练习时的礼节

（1）练习者进入场地时，首先向老师敬礼。

（2）练习前双方应相互敬礼，练习后再次相互敬礼。

2. 比赛开始前的礼节

（1）运动员依照主裁判“立正”、“敬礼”的口令，立正向陪审席行标准礼。标准礼为鞠躬的自然姿势，腰部前倾15°，头部下倾45°，两手握拳贴于双腿两侧。

（2）运动员依主裁判“向左向右转”的口令，内转相对，立正站好，再依“敬礼”的口令，相互敬礼。

3. 比赛结束后的礼节

（1）比赛结束时，运动员在各自的位置相对站见。

（2）运动员依主裁判“立正”、“敬礼”的口令，相互敬礼。

（3）运动员依主裁判“向左向右转”及“敬礼”的口令转向监督官，向监督官行标准礼。

（二）廉耻

要学会分辨是非。

（三）忍耐

忍即是德。忍是一种自我控制，是锻炼坚强意志的一个重要方面。能忍的人最终可得到成功与幸福。无论什么人，想做成任何一件事，首先要设定目标，再以持久的忍耐力不断地向这一目标迈进，才能如愿以偿。14 世纪，罗伯特·布鲁斯由于屡次战败而打算自暴自弃时，看到了一只小小的蜘蛛在树枝上织网，它失败了七次却仍然继续努力编织，第八次终于成功，他由此得到了启发和勇气，终于解放了苏格兰。这就是忍的成就。因此，作为跆拳道习练者，不管遇到什么困难，都必须忍耐并克服它，这样才能达到较好的习练效果。

（四）克己

不论在道场内外，克制自己是个重要的问题。假如在自由对打时，因某些失误被下级或同僚打，若不能克制自己，感情用事地加以攻击，将会造成事故。而且，不谦虚、不节制，没有分寸地生活，盲目羡慕他人，爱慕虚荣也将会失去作为武道人的资格。

（五）百折不屈

一个真正的跆拳道习练者是谦虚、正直的。若是一个有正义感的人，不论对方是谁或其人数有多少，都丝毫不会畏惧，不会犹豫，而且果断地向前迈进。孔子说过这样一句话：明知是正义的也不敢大声高喊，更不敢站出来的人，是没用的胆小鬼；向着既定目标，以百折不屈的精神，正直地倾注一切精力，就没有失败的人。

在训练中要克服肉体上的疼痛甚至伤病，只有具备勤奋和坚韧的精神，才有可能不断克服自身的软弱，达到新的境界。所以，从事跆拳道练习，可培养吃苦耐劳的精神，坚韧不拔的意志，克己礼让、宽厚待人、见义勇为的品德，以及迅速、有力、准确作出反应的身体素质。

二、健体防身价值

跆拳道的技术动作是手腿并用，全身协调配合，方法灵活多样。人们通过长期的系统的练习，可以提高人体的力量、速度、灵敏、耐力等身体素质，提高内脏器官机能，掌握跆拳道技术、战术知识，可以培养道义精神，提高防身自卫的能力。

三、娱乐观赏价值

跆拳道具有典型的东方文化色彩，它不仅是一项竞技运动，更是一种精美的形体艺术。跆拳道以腿为主，动作幅度大，组合腾空动作多，体现出舒展、美观、快速、准确、有力的形体美。尤其是精妙高超的凌空飞腿，给人以美的享受，具有极高的观赏价值。

第五节 跆拳道的级别与段位

跆拳道根据习练者的水平可分为十级和九段。

初学者从十级开始逐渐升至一级，然后再入段，段位越高表明水平越高，最高段位为九段。从十级至一级的等级标准和十级至一级的晋升考核，须由国家跆拳道协会以及分会或竞赛委员会派出的指定考官进行考核；一段至三段的晋升考核，须由国家跆拳道协会以及分会或竞赛委员会进行考核；四段至八段的晋升考核须由世界跆联晋升委员会或其委托的组织进行考核；晋升九段须由世界跆联组成一个特别委员会进行评审。

参加晋升考核时，平均考核成绩达60分就可通过，每超过或低于10分的将相应升位或降位。

跆拳道训练、比赛专用道服，采用厚实、优质、吸汗的白布缝制，象征思想的纯洁和追求技术的纯熟。

腰带的颜色则代表着选手的技术水平，从低到高依次为白带（10级）、白黄带（9级）、黄带（8级）、黄绿带（7级）、绿带（6级）、绿蓝带（5级）、蓝带（4级）、蓝红带（3级）、红带（2级）、红黑带（1级、一品至三品）、黑带（一段至九段）。

腰带颜色的象征意义

白　带：白带代表纯洁，习练者没有任何跆拳道知识和基础，一切从零开始。

白黄带：习练者经过一段时间的训练，已经了解跆拳道的基本知识并学会一些基本技术，开始由白带向黄带过渡。

黄　带：黄色是大地的颜色，就像植物在泥土中生根发芽一样，在此阶段要打好基础，并学习大地厚德载物的精神。

黄绿带：介于黄带与绿带之间的水平，习练者的技术在不断上升。

绿　带：绿色是植物的颜色，代表习练者的跆拳道技术开始枝繁叶茂，并不断完善。

绿蓝带：由绿带向蓝带的过渡带，习练者的水平处于绿带与蓝带之间。

蓝　带：蓝色是天空的颜色，随着不断的训练，习练者的跆拳道技术逐渐成熟，就象大树一样向着天空生长，习练跆拳道已经完全入门。

蓝红带：习练者的水平比蓝带略高，比红带略低，介于蓝带与红带之间。技术在不断完善。

红　带：红色是危险、警戒的颜色，习练者已经具备相当的攻击能力，对对手已构成威胁，要注意自我修养和控制。

红黑带：经过长时间系统的训练，习练者已修炼完从10级至1级的全部课程，开始由红带向黑带过渡。

黑　带：黑带代表习练者经过长期艰苦的磨练，其技术动作与思想修为均已相当成熟，也象征跆拳道黑带不受黑暗与恐惧的影响。

第六节　日常练习应注意的问题

一、认识调节呼吸的作用

呼吸系统受颈椎中的呼吸神经中枢和脑的高级神经系统所支配。在进行跆拳道运动时，可以有意识地调整呼吸的次数与深度，以刺激大脑皮层中枢神经兴奋，使注意力集中，精神振奋，以增强打击力度。所以，在攻击目标的一瞬间，跆拳道选手都会发出“呀”或“嘿”的喊声，这是为了在出击时，把胸腔内的气迸发而出，使精力集中，有助于发挥威力，即通过调整呼吸和发出喊声，以达到意、气、力、技相结合。所以，跆拳道习练者应注重呼吸的调节，并不断领悟其中的奥秘。

二、做好准备活动

无论从事何种体育运动，都必须在练习与比赛之前充分做好准备活动，准备活动一般是做到感觉身体略微出汗时为好。同时，人体在运动中最易受伤的部位是各个主要关节，如肩、肘、髋、膝、踝关节及颈关节和脊椎等，做准备活动时应将这些关节作为活动重点，防止受伤。

三、耐心练习，拉开韧带

柔韧性是跆拳道训练最基本的身体素质之一，腿部柔韧性又是整体柔韧性素质中的重点和关键。在做韧带训练时，要注意循序渐进，不能急于求成，以免发生伤害事故。要相信，只要有恒心、有耐心地坚持锻炼，就一定能达到预期效果。

四、坚持不懈地训练

跆拳道水平的提高，需要长期坚持不懈地训练。不能“三天打鱼，两天晒网”，正确的做法是坚持不懈地训练，由易到难，由简到繁，只有这样，才能真正学好并掌握跆拳道的精湛技术。

五、加强身体素质训练

跆拳道的技术动作是与身体素质紧密相关的。如力量的大小、速度的快慢、耐力和柔韧性的好坏等，都将直接影响到动作质量，所以只有多加强身体素质的训练，才能有健康强壮的身体，练习跆拳道技术动作时才会得心应手。

第七节　跆拳道与健康

一、跆拳道运动与身体健康

跆拳道运动是一项有益于身体健康的体育运动。长期坚持跆拳道练习，可以有效地改善心肺功能，提高力量、协调性、速度、柔韧性等身体素质。

（一）跆拳道运动对提高心肺功能的作用

跆拳道具有进攻动作时间短、强度大、爆发力强，常常“一鼓作气”完成动作的特点。配合呼吸方法的训练可反射性地增加心肌收缩，有利于快速完成技术动作。长期练习，会使心脏经常承受大负荷刺激，从而出现心肌纤维增粗的适应性变化，使室壁增厚，心脏逐渐壮大，搏动有力。

此外，在进行一些有规律的跆拳道运动专项耐力素质练习时，由于肌肉活动需要更多氧气，因而会使呼吸次数增加，程度加深，肺通气量大大增加，有效地提高细胞氧化酶的活性，增强呼吸肌的耐力。

（二）跆拳道运动对提高协调性的作用

协调能力是人身体各项能力的基础之一，良好的协调能力能够更好地发挥习练者的其他身体素质。影响协调性的因素很多，如遗传因素、年龄因素、智力水平等，但后天的努力是十分重要的。

跆拳道运动的练习贯穿着人的各种能力的进步和拓展，在提高力量、柔韧性等素质的同时，也促进了协调能力的发展；反过来，协调能力也直接影响着力量、速度、柔韧、平衡等素质的提高。

（三）跆拳道运动对柔韧性的影响

柔韧性主要来自于骨关节，而骨关节结构是无法改变的，所以，只有改善骨关节周围组织的伸展性才能有效地加强关节的柔韧性。

跆拳道运动中的腿法，要求动作舒展大方，在练习或实际对抗中如果能多争取到一寸，则可先于对方得手。例如，腿法中的横踢要求展腹、送腰，以增加腿的长度，动作幅度加大了，柔韧性自然会得到提高；同时，柔韧性提高了，动作幅度也自然会加大。在跆拳道的练习过程中，柔韧性练习一般安排在练习前期，将主动或被动的静态伸展法及动力拉伸法结合在一起，主要发展腿部的前、后、侧肌群的伸展性和髋、踝关节的灵活性。另外，跆拳道运动非常注重上肢的柔韧性，因此，常常借助压肩活动来发展肩部关节的柔韧性。

（四）跆拳道运动对灵敏性的影响

跆拳道运动中的自卫术强调快、狠、准，讲求“一招制敌”。既然是一招制敌，就必须在一击之下结束战斗，因此特别强调时机的把握和动作的灵敏性，即要隐蔽、突然地进攻。同时，跆拳道项目要求习练者经常改变身体的位置和方向，或者进行一些连续踢或连续出拳的动作，这就迫使习练者要有良好的判断力、高度的灵活性，以及较快的反应。因此，灵敏性对于跆拳道运动尤为重要，甚至是决定招数是否奏效的关键。

二、跆拳道运动的心理保健作用

对于一个身体健康的人来说，长期进行科学、适宜的体育锻炼，可以改善人的心理健康水平，减轻人的焦虑感，并提高自定效率，培养积极的情绪，积极面对随时可能出现的困难和失败，正确面对挫折，以健康饱满的态度投入到紧张的工作和学习中。

（一）跆拳道运动促进个人的健康，维护社会健康

在现代社会，由于人口高度密集，个人健康问题已经成为一类突出的社会问题。跆拳道运动作为一种现代体育形式维护了人们的健康，减少了“肌肉饥饿”、“运动不足”等现象。这种充满力量与智慧的运动不仅是对身体和

心理的磨炼，更是一种愉悦的享受。它使人们身体健康，心情舒畅；它缩小了个人和社会发展的差距，使二者同向发展。

（二）跆拳道运动是促进中学生个性、心理良性发展的重要途径

社会的发展在很大程度上取决于人的成熟发展。中学生这一群体的文化背景、年龄特征、心理特征、社会角色特征决定了其在社会发展中的重要作用，也突出了其独特的心理特点。

（1）跆拳道运动具有调节人体紧张情绪的作用，适当的锻炼可以舒缓身体和心理上的压力，把注意力从烦琐的工作和日常学习中转移出来，改善生理和心理状态，恢复体力和精力。

（2）跆拳道运动能增进身体健康，使疲劳的身体得到充分的休息，使人精力充沛地投入到学习和工作当中。

（3）跆拳道运动可以陶冶性情，使人保持健康的心态，充分发挥个体的积极性、创造性和自主性，从而提高自信心，树立正确的价值观，使个体在融洽的氛围中获得健康、和谐的发展。

（4）跆拳道运动可以增进习练者的自信心，以应付突发事件，保护自己的安全。

此外，跆拳道运动是一种极富感情色彩的运动形式。跆拳道运动为习练者提供的情感体验是多种多样的，能改善人的意志品质，培养情商，发展智力，顺应现代人多方面的要求。在练习过程中，习练者可以享受到信赖感和依托感，在一招一式中可以体会到自信心和安全感的逐渐充

溢，在练习的“折磨”中感受到自豪感和成就感的累积，从而培养良好的意志品质。

【实践与思考】

1. 什么是跆拳道？
2. 简述跆拳道的起源与发展。
3. 跆拳道有哪些特点？
4. 练习跆拳道有何作用？
5. 如何区别跆拳道的级别与段位？
6. 在练习跆拳道时应该注意哪些问题？
7. 结合实际情况，谈谈跆拳道运动对促进身体健康的作用。
8. 简述跆拳道运动的心理保健作用。

第二章　跆拳道在广东华侨中学的发展

【学习目标】

通过本章的学习，了解广东华侨中学跆拳道运动发展的历程和校本课程的主要内容，增强荣誉感，明确跆拳道学习的方向和目标，树立信心，积极参加跆拳道运动。

第一节　广东华侨中学跆拳道运动概况

2003年，广东华侨中学被广州市越秀区教育局命名为区跆拳道传统项目学校；同年9月，在初一级招收第一批跆拳道体育特长生。在学校领导的支持和关心下，广东华侨中学跆拳道运动得到不断发展。根据学校的实际情况，与大南路小学达成协议，结成友好单位，坚持校内、校外的训练相结合的模式。广东华侨中学跆拳道项目由余伟超教师组织管理，外聘广州大学体育学院跆拳道专项老师曾庆国副教授、越秀区跆拳道队主教练张玉妹为广东华侨中学课外辅导员。为了保证传统项目的顺利开展，学校在管理制度上逐步完善，进一步调整了体卫工作的领导体制。为办好跆拳道项目，近几年每年都由教导主任、体育老师到对口学校去挑选苗子，降分破格录取；广东华侨中学成立了校跆拳道队，组织工作不断健全，周密的计划，严格的训练，使校队竞技水平迅猛提高。2005年，广东华侨中学加入越秀区中小学重竞技协会，成为会员之一，龙建华主任被聘为该协会名誉主席。2007年，广东华侨中学成立学生跆拳道社团，全面推动跆拳道运动在校园内的普及。2007年校队教练余伟超被聘为中国中学生跆拳道协会常务委员，2008年被评为第三届全国中学生运动会优秀教练员；洪沧海等同学荣获优秀运动员称号。2009年5月，广东学生跆拳道训练中心基地在广东华侨中学挂牌成立；同年，该校被授予广州市跆拳道传统项目学校。跆拳道运动的蓬勃发展，加快了学校开展全面素质教育的步伐。

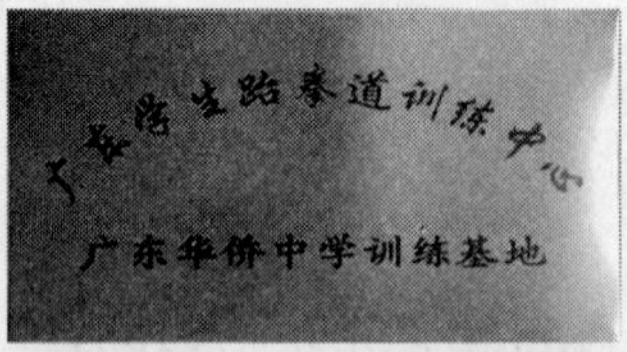

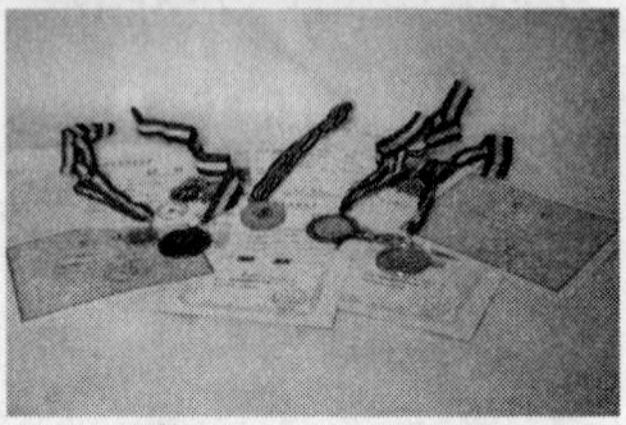

第二节　跆拳道队的辉煌战绩

近几年来，广东华侨中学跆拳道运动的训练水平逐年提高，广东华侨中学跆拳道队参加各类比赛均取得优良的成绩。2003 年，校队首次参加广州市越秀区中学生跆拳道比赛，获团体总分第二名。学校成立了校跆拳道队后，组织工作不断健全，竞技水平不断提升，在往后的比赛中，夺金摘银，一次次捧回团体冠军奖杯。2004—2007 年，该校连续三年获区中学生跆拳道比赛冠军，实现了三连冠。参加省、市各类比赛，共获奖牌八十多枚。2006 年，广东华侨中学跆拳道队首次进入全国赛场，在天津市参加全国第一届中学生跆拳道比赛。来自全国各地的五十多所学校的一千多名运动员参加了比赛。广东华侨中学的校旗随着热烈的掌声、欢呼声冉冉升起，该校运动员一次又一次地走上领奖台。至此，跆拳道运动在侨中兴起，由小到大，由弱到强，逐步成为广州市跆拳道运动的一支劲旅。在短短几年里，校队参加了三次全国性的比赛，共获得十四枚奖牌，涌现出一大批优秀运动员。

时间	赛事	金牌	银牌	铜牌	其他	团体
2006 年 5 月	第一届全国中学生跆拳道锦标赛	2	—	2	第五名 2 人	第七名
2007 年 5 月	第二届全国中学生跆拳道锦标赛	2	—	2	第五名 1 人	—
2008 年 10 月	第三届全国中学生跆拳道锦标赛	3	1	2	—	第六名

第三节　跆拳道校本课程的设计与实践

新课标提出的体育教学五大目标，为学校跆拳道体育项目的分析整理和教材化提供了依据。学校体育课程内容的构建给了学校教师很大的选择空间。科组教师按照“体育与健康”的课程要求，围绕“为了每一位学生的发展”的新课程理念，以“健康第一”为指导思想，结合学校的实际，将跆拳道作为校本课程，针对不同年级学生的心理、生理特征，对教学目标、教学时数及跆拳道项目的内容等进行了综合研究，让学生在和谐、主动的氛围中激发学习兴趣，掌握技术技能，在培养学生主体意识的同时，提高其礼仪修养。课程的选择旨在体现竞技体育项目教材化、教材内容健身化、教学教法科学艺术化，教学评价主客观化的原则，对该项目活动方式进行规范化，并依据体育课程标准的要求进行了描述。

一、课程的教学内容、重点和难点

（一）理论部分

理论：跆拳道发展史及其特点和作用；广东华侨中学跆拳道的发展；跆拳道运动的竞赛规则及裁判法。

重点：跆拳道发展史及其特点和作用。

难点：跆拳道运动的竞赛规则。

（二）实践部分

1. 跆拳道基本技术

（1）礼仪与手部动作：马步冲拳，下、中、上格档。

（2）准备姿势和步法：前进步、后退步、换跳步、上步、后撤步、垫步、侧移步。

（3）踢法与拳进攻：前踢、横踢、前横踢、后踢、下劈踢、前下劈踢、双飞踢、旋风踢、勾踢、后旋踢、侧踢、拳进攻。

重点：规范动作，掌握动作的运行路线。

难点：踢腿的力度与速度，要求快打快收。

（4）战术训练：防守反击及组合技术（介绍横踢反击、后踢反击、后旋反击）。

重点：动作反应判断及连接的速度。

难点：距离与时间差的掌握。

（5）教学比赛。

重点：运用科学合理的技术进行进攻或防守反击。

难点：掌握跆拳道运动的竞

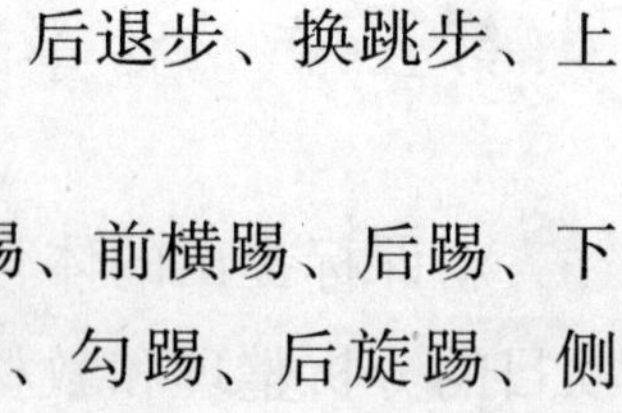

北京奥运会跆拳道比赛场馆

赛规则及裁判法，合理有效地进行教学比赛。

2. 跆拳道品势

太极一至四章。

重点：正确掌握动作的运行路线。

难点：动作规范有力。

3. 素质练习

50 米、800 米（女）、1 000 米、立定跳远、仰卧起坐（女）、坐位体前屈。

（三）学时分配

模块	教学内容		各教学环节学时分配			
	序号	主要内容	讲授	实践	其他	小计
一	1	理论：跆拳道发展史及其特点	1			1
	2	理论：跆拳道与健康	1			1
	3	礼仪与手部动作		1		1
	4	步法：前进步、后退步、换跳步、上步、后撤步		2		2
	5	踢法：前踢、横踢		2		2
	6	战术训练：防守反击及组合技术		2		2
	7	品势太极一章		4		4
	8	素质练习		3		3
	9	测试		2		2

（续上表）

模块	教学内容		各教学环节学时分配			
	序号	主要内容	讲授	实践	其他	小计
二	1	基本理论：体质测量与评价	1			1
	2	专项理论：跆拳道运动竞赛规则	1			1
	3	步法：垫步、侧移步		1		1
	4	踢法与拳进攻：前横踢、后踢、下劈踢、拳进攻		4		4
	5	战术训练：防守反击及组合技术（介绍横踢反击）		2		2
	6	教学比赛		2		2
	7	品势太极二章		4		4
	8	素质练习		2		2
	9	测试		1		1
三	1	基本理论：体育运动卫生保健	1			1
	2	专项理论：跆拳道运动裁判法	1			1
	3	踢法：前下劈踢、双飞踢、旋风踢		5		5
	4	战术训练：防守反击及组合技术（介绍后踢反击）		2		2
	5	教学比赛		2		2
	6	品势太极三章		4		4
	7	素质练习		2		2
	8	测试		1		1
四	1	基本理论：运动损伤的预防及治疗	1			1
	2	专项理论：跆拳道运动训练计划安排	1			1
	3	踢法：勾踢、后旋踢、侧踢		4		4
	4	战术训练：防守反击及组合技术（介绍后旋踢反击）		3		3
	5	教学比赛		2		2
	6	品势太极四章		4		4
	7	素质练习		2		2
	8	测试		1		1

广东华侨中学高中“体育与健康”课程“跆拳道选项”学习模块

（水平五）

模块一教学计划

模块目标	一、学习锻炼的循序渐进原则和明白持之以恒的原理；利用跑跳测试、力量测试等身体素质测试方法，尝试设定自我锻炼目标；培养对跆拳道运动的兴趣，经常参与体育活动，能描述锻炼对健康的益处 二、通过分层学习对体育锻炼中的热身、循序渐进原则形成正确的认识；提高对跆拳道运动的兴趣；掌握跆拳道基本技术动作；发展下肢力量，提高下肢的灵敏度、柔韧性 三、在学习过程中发掘情感体验，体验进步的乐趣；学习交往能力 四、学习通过网络获取知识	
课时	达到目标	教学内容
2	1. 学习科学锻炼的原理 2. 学习跆拳道准备姿势、基本步法技术 3. 熟悉课堂程序 4. 提高对跆拳道运动的兴趣	专项理论：跆拳道发展史 提高对跆拳道的兴趣：礼仪、准备姿势、基本步法等 步法：动作规范性
3	1. 设置个人合理目标 2. 学习腿法等个人技术方法 3. 能描述锻炼的益处	设置目标：学期后个人所达到的效果 腿法技术：前踢、横踢 腿法踢靶技术：踢靶点的控制 基本规则：得分部位
6	1. 学习简单的腿法组合动作 2. 了解基本的跆拳道运动竞赛规则，增强规则意识 3. 增强自我安全意识 4. 学习交往能力	简单的腿法组合动作 基本跆拳道规则：得分部位 专项素质：有氧耐力
3	1. 对技术的掌握进行复习 2. 提高腿法的技术 3. 提高交际能力	双人练习踢靶 防守反击及组合技术 人际交往
4	1. 学习品势太极一章，发展手腿的协调性 2. 增强学习自信心 3. 体验愉悦的心情	品势太极一章 发展身体素质
总计课时 18		

广东华侨中学高中“体育与健康”课程“跆拳道选项”学习模块

（水平五）

模块二教学计划

模块目标	一、完善个人锻炼目标并自我运用跑跳测试、力量测试等身体素质测试方法评价个人健康，了解跆拳道的发展历史，提高对跆拳道运动的认识与兴趣；运动中养成循序渐进的习惯，增强自我安全防范意识 二、熟练运用个人基本腿法、踢靶、步法（垫步、侧移步等），发展弹跳、有氧耐力等身体素质和专项能力 三、体会进步的乐趣，培养坚持不懈的毅力，并能分析成败原因，形成较好的人际关系 四、懂得运用多媒体获取体育知识、关注体育赛事，多了解国内外跆拳道新闻	
课时	达到目标	教学内容
3	1. 完善个人健身目标 2. 学习拳法技术 3. 形成良好的课堂纪律、和谐的学习氛围 4. 了解体质测量与评价	专项理论：了解跆拳道运动竞赛规则 目标设置：效果、总量、时间 拳法练习：基本拳法
5	1. 提高对腿法的兴趣与认识，感受学习带来的乐趣 2. 学习腿法技术：前横踢、后踢、下劈踢 3. 巩固个人腿法技术及防守技术	腿法练习：前横踢、后踢、下劈踢
3	1. 复习已学步法、腿法及组合练习 2. 发扬合作精神，表现出良好的体育道德	腿法：腿法组合、防守反击及组织技术（横踢反击） 个人技术：尝试综合运用
5	1. 学习品势太极二章，发展手腿的协调性 2. 发展有氧耐力，提高速度、耐力 3. 情感体验：进步的乐趣	品势太极二章：动作的连贯性 身体素质练习：有氧耐力
2	1. 提高个人心理健康水平 2. 分析成败的原因	考评 体能 教学比赛
总计课时 18		

广东华侨中学高中“体育与健康”课程“跆拳道选项”学习模块

（水平五）

模块三教学计划

课时	达到目标	教学内容
模块目标	一、能根据自身情况制订简单的个人锻炼计划，合理安排时间与运动量；清楚竞技运动和健身运动的区别，明确自身发展方向；学会参与课余活动比赛，增强自我安全防范意识 二、学习跆拳道个人腿法新技术（前下劈踢、双飞踢、旋风踢）和跆拳道战术训练；发展下肢力量、身体柔韧性等身体素质和专项能力 三、在体育活动中展示个人的运动能力，获得成就感；认识坚持不懈、全心投入学习等意志品质对自身发展的影响，重视学习过程的情感评价，通过多元练习巩固良好的人际关系 四、关注跆拳道比赛，学会欣赏和评价，理解各战术风格与文化差异	
课时	达到目标	教学内容
2	1. 学习基本理论：体育运动卫生保健 2. 学习专项理论：跆拳道运动裁判法 3. 体验身体锻炼带来的乐趣 4. 根据自身情况制订个人锻炼计划	基本理论：体育运动卫生保健 专项理论：跆拳道运动裁判法（结合实战进行学习）
7	1. 复习已学步法、腿法及组合练习 2. 学习个人腿法新技术：前下劈踢、双飞踢、旋风踢，发展下肢力量 3. 了解体育运动中体现的意志品质，学会发掘情感 4. 关注跆拳道比赛中选手的动作，了解其战术风格	已学步法、腿法及组合练习 腿法新技术：前下劈踢、双飞踢、旋风踢 防守反击及组织技术（后踢反击） 身体素质：下肢力量
5	1. 学习品势太极三章，发展身体的柔韧性 2. 认识体育运动中体现的意志品质对自身发展的影响，学会处理在运动中出现的竞争与合作关系 3. 了解你所喜欢的选手的技术	品势太极三章 品势太极一、二章（复习） 知识专题
4	1. 应用个人技术进行教学比赛 2. 在比赛中展现自己，体验成功 3. 尝试分析所喜欢的选手的战术风格 4. 区分竞技运动与健身运动	体能 教学比赛
总计课时18		

广东华侨中学高中“体育与健康”课程“跆拳道选项”学习模块

（水平五）

模块四教学计划

模块目标	一、认识运动对自身、对社会的价值；让体育活动成为生活中不可缺少的部分，养成每天锻炼一小时的习惯，形成健康的生活方式 二、巩固提高跆拳道个人进攻、防守组合技术，学习勾踢、后旋踢、侧踢等简单战术配合并初步形成个人风格，发展下肢力量等身体素质 三、能与同伴共同处理体育运动中的困难和问题，在实战中培养自尊、自信，通过体育活动发展探究学习的能力，增强守法观念 四、利用多媒体关注各类跆拳道比赛	
课时	达到目标	教学内容
2	1. 学习基本理论：运动损伤的预防及治疗 2. 学习专项理论：跆拳道运动训练计划安排 3. 了解怎样的生活方式才是健康的，认识运动的价值	基本理论：运动损伤的预防及治疗 专项理论：跆拳道运动训练计划安排
7	1. 复习已学步法、腿法及组合练习 2. 学习个人腿法新技术：勾踢、后旋踢、侧踢，发展下肢力量 3. 尊重他人的兴趣和需要，正确处理竞争与合作的关系 4. 认识各国跆拳道的发展情况 5. 发展探究学习能力	已学步法、腿法及组合练习 个人腿法新技术：勾踢、后旋踢、侧踢，发展下肢力量 防守反击及组织技术（后踢反击）
4	1. 学习品势太极四章，发展身体的柔韧性 2. 能组织课余体育活动，在运动中表现出良好的体育道德 3. 情感体验：合作的乐趣	品势太极四章：发展身体的柔韧性 品势太极一、二、三章（分组复习）
3	1. 注意合理的营养和饮食卫生，积极形成健康的生活方式 2. 学会在实战中应用各种组合技术，发展身体对抗能力 3. 在实战中培养自尊、自信 4. 了解各类跆拳道比赛	对抗能力：对抗性实战 实战应用：穿护具一对一，在实战中运用所学过的战术，培养出良好的个人精神
2	1. 分析成败原因 2. 在体育锻炼中带动和影响其他同学，并能与同伴共同处理在运动中出现的困难和问题 3. 总结和交流心得体会	教学比赛 分析和交流 相互总结
总计课时18		

（四）考试内容及评分标准

1. 过程评价

优：表现出积极向上的学习态度，积极参与各项体育活动，体验与感受体育活动带来的酸甜苦辣，善于与同学和老师沟通，关心集体，帮助同学，表现出良好的协作精神与意志品质，有良好的锻炼习惯和健康行为，能利用课余时间进一步拓展自己的体育知识。

良：学习态度较为乐观，能参加各项体育活动，对体育活动带来的酸甜苦辣尚能接受，能与同学和老师沟通，关心集体，帮助同学，能与同学相互协作，有一定的意志品质，有较好的锻炼习惯和健康行为，能利用课余时间进一步拓展自己的体育知识。

合格：学习态度较为端正，能参加体育活动，但缺乏积极性，不能主动体验体育活动带来的乐趣，与同学和老师沟通、交流较少，不够关心集体，帮助同学，与同学相处一般，协作能力有待提高，锻炼习惯和健康行为尚待培养，希望能利用课余时间拓展自己的体育知识。

不合格：学习态度不够端正，不善于参加体育活动，吃苦能力较差，不善于与同学和老师沟通，对班集体、同学不够关心，与同学相处一般，缺乏协作能力，锻炼习惯和健康行为较差，对拓展自己的体育知识漠不关心。

2. 技能

考查学生在校本课程学习中运动技能的情况，根据校本课程的学习内容，进行一至两项技能考核，考核等级参照如下：

优：运动技能掌握良好，动作协调连贯，基本功扎实，进步显著，富有感染力，善于利用自己所长帮助同学，带领同学一起进步，得到同学的高度赞扬。

良：运动技能掌握较好，动作较为协调连贯，具备一定的基本功，有明显的进步，富有感染力，能利用自己所长帮助同学，带领同学一起进步，得到同学的较高评价。

合格：运动技能掌握一般，动作尚能协调连贯，基本功有待提高，进步不够明显，缺乏感染力，与同学互动不够，运动技能有待提高。

不合格：运动技能掌握较差，动作不够协调连贯，基本功不够扎实，进步不明显，缺乏与同学互动和交流，运动技能有待较大的提高。

3. 体能

根据校本课程的学习内容，进行一至两项体能考核，评分标准主要参照国家教育部颁布的《学生体质健康标准》执行。

4. 评价方法

自评、互评、师评、考核、总评、校本课程学分认定。

自评、互评、师评主要是对学生的学习过程进行评价，通过自我评价，让学生了解自我，解剖自己；在互评中增进了解，促进沟通，提高合作，体现评价的客观性。

考核：技能和体能主要采取考核的形式进行，参照评价等级和评分标准确定学生成绩。

跆拳道是一项韩国武艺，至今已有两千多年的历史。由于跆拳道综合了踢腿、拳击、腾跳、格挡、闪躲和避开等多项技术动作，具有力量、速度和精准性等特点，对培养学生勇敢顽强、坚韧不拔、吃苦耐劳的意志品质和提高人的注意力、自信心、自律与耐心都具有良好的促进作用，是深受学生喜爱的体育运动之一，尤其是跆拳道被列入奥运会比赛项目后，其更是受到世界各国的关注和重视。因此，把跆拳道作为学校体育校本课程具有深远的意义。

从学生的亲身经历和感言中，可以感悟到练习跆拳道后，学生身心发生了深刻的变化。广东华侨中学高一（2）班梁馨文同学在学习跆拳道校本课程后这样写道：“刚开始学习跆拳道只是出于好奇，但没想到在练习的过程中我受益很多。虽然刚开始练习时非常辛苦，在开始拉韧带时，觉得腿酸痛，但久而久之就习惯了，这让我懂得无论做任何事，都要多一份坚持。练习跆拳道增强了我的身体素质，使自己变得更加强壮、更加勇敢。练习跆拳道的同时也锻炼了我的意志力。”

高一（1）班高丽敏同学的体会是：“最初参加跆拳道社团，只是出于兴趣，渐渐地我从中学到了很多，它也成为我现在最大的爱好之一。通过练习跆拳道，不仅可以防身自卫，还可以提高身体素质，增进健康，促进品德修养和身心的和谐发展。跆拳道的精髓，就是‘道’字，它指的是品德、修养、素质。比如我们社团成员已形成互相尊重的风气，在实战前先行礼，以示尊重；在课前、课后都会向国旗敬礼，以示爱国。在练习中始终保持着认真、严谨、刻苦、勤奋的态度，在练习跆拳道过程中，我不断地增加自信，使自己敢于去追求一切。练习跆拳道，不但使自己提高了免疫力，而且提高了自我保护的能力，在遭遇坏人时，可以与坏人对抗，保护自己，帮助他人。学习跆拳道让我受益匪浅，它的一招一式都牵动着我。”

高一（4）班张应乐同学的感受是：“学习跆拳道已经有一段时间了，在这段时间里，有汗水、有辛劳，也有收获，我的反应速度、身体的协调性和灵敏性等都提高了，人更加有精神了，学习成绩也提高了许多。”

初一（5）班陈海意同学的体会是：“练习了一段时间的跆拳道，才发现原来学习跆拳道没有想象中那么简单，要付出才会有收获。学习跆拳道让我受益匪浅。我学会了许多，譬如，提高了集中注意力的能力和身体素质，跑起步来轻松了许多。”

附：

广东华侨中学2008学年第二学期
研究性学习指导计划

科组	体育科	备课组老师	余伟超		
序号	课题名称		学生组长	组员人数	指导教师
1	跆拳道离我们有多远？		云子成	8	余伟超
本学期指导研究性学习的方法和措施	1. 文献法：组织学生到图书馆查资料，利用电子阅读室让学生上网查资料 2. 问卷调查法：在校内开展问卷调查 3. 访谈法：对我校跆拳道队教练、学生进行访谈				

具体活动安排

周次	活动内容	活动地点	备注
1	研究性学习开题	教室	
2	网上进行资料收集	电脑室	
3	组织观看跆拳道训练	训练馆	
4	分组对校跆拳道队学生进行访谈	校内	
5	制作调查问卷	教室	
6	了解学生开展的跆拳道课程、训练、比赛等情况	体育科组	
7	实践活动	训练馆	
8	对收集的资料进行整理，完善调查问卷	教室	
9	分组对各年级同学进行问卷调查	校内	
10	观看跆拳道比赛	少儿体校	
11	对访谈纪录、调查问卷进行整理	教室	
12	调查问卷数据统计分析	教室	
13	团队游戏	学校操场	
14	制作演示文稿，撰写结题报告	教室	
15	结题	教室	

填表时间：2009年3月

附：研究性学习

跆拳道离我们有多远

（跆拳道进入我校体育课程的可行性研究）

我校于2008年在高中选项教学课中开设跆拳道课程，旨在培养学生的运动兴趣，发扬学生个性，提高学生的个人素养。本研究旨在通过具有一定规模的调查，系统了解我校学生对跆拳道的认识以及参加跆拳道运动的现状，并从中发现存在的问题，为我校进一步普及和推广跆拳道运动提供依据。

一、研究对象与方法

1. 研究对象：本校初一年级至高中三年级全体学生

2. 研究方法：

①文献资料法：查阅有关跆拳道运动的期刊、专著等文献。

②问卷调查法：第一次向初中一年级至高中三年级的全体学生，发出问卷1 702份，回收1 670份，回收率98.1%，有效问卷1 662份，有效率99.5%。第二次向参加跆拳道学习的学生发出问卷134份，回收134份，回收率100%，有效问卷132份，有效率98.5%。

③访谈法：向学校跆拳道队的学生进行访谈（笔录）。

④数据统计法：对学生反馈的数据信息进行统计。

⑤归纳分析法：对以上搜集的材料进行归纳分析和研究。

二、结果与分析

我校大多数学生对跆拳道运动是比较了解和喜欢的，分别占总人数的65.8和84.21%，而且愿意参加跆拳道运动的人数比例，初中年级学生稍高于高年级段学生。调查表明：大部分学生总体上对从事跆拳道运动的喜欢程度较高，并能跟自身的健康、人身的安全等联系起来，为终身体育锻炼奠定了良好的基础。

附：

"跆拳道离我们有多远"研究性学习调查问卷

各位同学：

大家好！

跆拳道项目进入我校已经有 6 年了，在短短几年，校运动队参加了 3 次全国性的比赛，共获得 8 枚金牌，参加省、市各类比赛，获奖牌共八十多枚，全国冠军就在我们的身边，跆拳道运动在我校正蓬勃发展！本研究试图就跆拳道能否进入我校的体育课堂，为我校进行体育课程改革提供理论依据，也为丰富同学们课余体育活动提供服务。调查结果不记名，只是用于综合统计。谢谢合作！

2009 年 4 月

问卷一（注：选择题全为单选）：

班　别：____________性别：____________

1. 你知道跆拳道这项运动吗？　　（　　）

A. 参加过　B. 知道一点　C. 不知道

2. 你喜欢跆拳道运动吗？　　（　　）

A. 喜欢　B. 比较喜欢

C. 一般　D. 不喜欢

3. 你了解学校的学生跆拳道运动代表队吗？　　（　　）

A. 了解　B. 听说过　C. 完全不知道

4. 你知道学校开设有学生跆拳道社团吗？ （ ）

A. 知道 B. 不知道

5. 本学期，学校在高中体育课开设了跆拳道项目，你知道吗？ （ ）

A. 知道 B. 不知道

6. 下学期，如果在体育课选项教学中继续开展跆拳道这个项目，你会选择吗？（高中学生作答） （ ）

A. 肯定选择 B. 会考虑 C. 不会选择

7. 你知道在初中、高中周三的选修课中开设有跆拳道这个项目吗？ （ ）

A. 知道 B. 不知道

8. 你是否赞成在体育课中进行跆拳道项目的学习？（ ）

A. 十分赞成 B. 赞成

C. 无所谓 D. 不赞成

9. 你觉得可否将跆拳道项目作为校本课程，在全国范围内推广？ （ ）

A. 可以 B. 不可以

10. 影响你参加或不参加跆拳道运动的因素是 （ ）

A. 兴趣与爱好

B. 跆拳道运动需要毅力

C. 对跆拳道运动的认识程度

D. 同伴对自己的影响

E. 家长的影响

F. 跆拳道运动环境和设施

问卷二（已参加跆拳道学习的同学作答）：

1. 学习跆拳道的目的是什么？　　（　　）

　A. 强身健体　　B. 防身自卫

　C. 娱乐兴趣　　D. 考跆拳道段位

2. 你每周参加跆拳道运动时间总计多少分钟？　　（　　）

　A. 120 分钟以上　　B. 90 ~ 120 分钟

　C. 不足 90 分钟

3. 你每天都坚持跆拳道练习吗？　　（　　）

　A. 每天练习　　B. 隔天练习

　C. 隔几天练习　　D. 周末练习

　E. 上课时练习　　F. 长时间地进行练习

4. 你每周参加跆拳道运动的主要运动方式是　　（　　）

　A. 个人独立锻炼　　B. 结伴练习

　C. 集体活动　　D. 校外培训中心

5. 你认为影响你们参加跆拳道运动习惯的因素是　　（　　）

　A. 兴趣与爱好

　B. 跆拳道运动需要毅力

　C. 对跆拳道运动的认识程度

　D. 同伴对自己的影响

　E. 家长的影响

　F. 跆拳道运动环境和设施

6. 练习时，碰到困难，你能坚持不懈地为达到学习目标而努力吗？　　（　　）

　A. 能　　B. 不能

7. 你觉得参加跆拳道运动能促进你的身体健康吗？（　　）

　A. 可以　　B. 一般　　C. 不可以

8. 你觉得参加学习跆拳道运动能对你判断事物能力有提高吗？（　　）

A. 有　　　　B. 没有

9. 通过练习，你能学会跆拳道相关的知识吗？（　　）

A. 能　　　　B. 学会一点　　　　C. 学不会

10. 每次练习后，你的感觉是（　　）

A. 轻松　　　　B. 愉悦　　　　C. 有成功感

D. 累　　　　E. 其他

11. 你对我校跆拳道运动的开展有何建议？

例：教学设计

广东华侨中学
高中一年级跆拳道选修课教学设计

一、指导思想

本课程主要围绕“为了每一位学生的发展”的新课程理念，以“健康第一”为指导思想，通过教学让学生在和谐、主动的氛围中激发学习兴趣，掌握技术技能，在培养学生主体意识的同时，提高其礼仪修养。

二、教学目标

（1）发展力量、速度、耐力、灵敏度等身体素质，激发学生对跆拳道运动的兴趣。

（2）初步掌握跆拳道的基本腿法：横踢。

（3）培养学生坚韧、忍耐、自立、自信的意志品质，使学生养成礼让、谦逊、宽容的高尚品德。

三、教材选择与分析

跆拳道运动是一项深受学生喜爱的体育运动，其内容丰富多彩，无论是品势还是实战，其动作结构、技术要求、风格、运动量等都有着不同的特点，可供不同年龄、体质、性别、职业的爱好者根据实际加以选择，而且不受时间、季节的限制，场地器材也可因陋就简，练习极为方便。跆拳道运动倡导“以礼始，以礼终”的崇礼尚武精神，培养胜不骄、败不馁的优良品质，能有效地提高速度、敏捷性、柔韧性、爆发力和有氧代谢能力。

四、组织与方法

本课程通过学生在探索中掌握横踢的基本技术，充分激发学生主动学习的潜能，提高自我锻炼的意识。

1. 突出主体教学，探究学习，培养创新思维

（1）跆搏操导入，营造和谐、轻松愉快的教学氛围。

（2）将全班分成四组。让学生自编自创腿法，发挥其主观能动性。同时，在教师的引导下，形成正确的动作。

（3）在学习过程中，让学生充分展示自我，促使学生积极思考，引导学生积极探究。

（4）分层教学。设计不同的练习方法，学生可以根据自己的实际情况，自主选择适合自己发展的练习方法。

2. 渗入德育教育，培养良好的社会适应能力

（1）课堂中倡导“以礼始，以礼终”的崇礼尚武精神，培养学生互敬互爱、团结合作的精神。

（2）通过游戏，提高学生的竞争意识，培养遵守规则的意识。在游戏中体验成功与失败，增强社会适应能力。

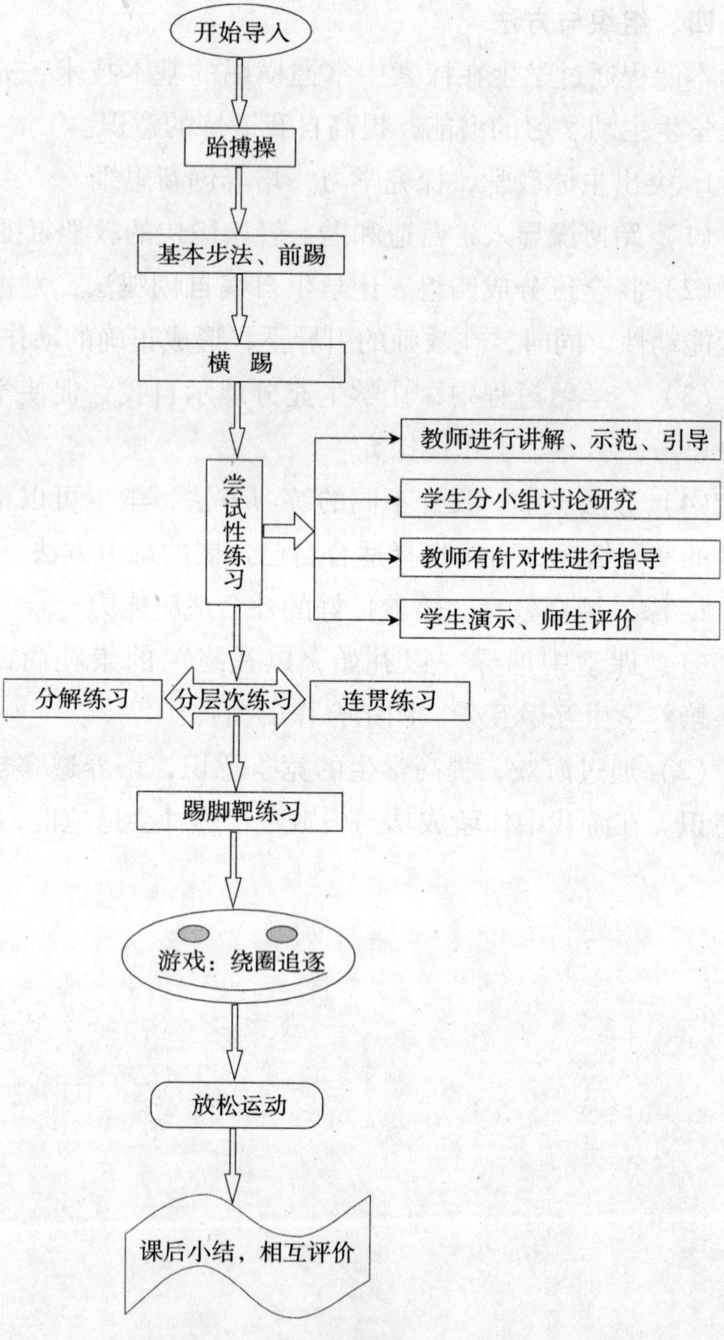
开始导入
跆搏操
基本步法、前踢
横　踢
尝试性练习
教师进行讲解、示范、引导
学生分小组讨论研究
教师有针对性进行指导
学生演示、师生评价
分解练习
分层次练习
连贯练习
踢脚靶练习
游戏：绕圈追逐
放松运动
课后小结，相互评价

教学流程

广东华侨中学高中一年级跆拳道选修课教案

任教班级：高一跆拳道选修班

教学目标	1. 发展力量、速度、耐力、灵敏度等身体素质，激发学生对跆拳道运动的兴趣 2. 初步掌握跆拳道的基本腿法：横踢 3. 培养学生坚韧、忍耐、自立、自信的意志品质，使学生养成礼让、谦逊、宽容的高尚品德	场地器材	1. 训练馆 2. 脚靶 25 个 3. 音响 4. DVD 机
教学内容	1. 前踢 2. 横踢		

顺序	达到目标	学习内容	教师指导	学生学习	课时	负荷
一	激发学生对跆拳道运动的兴趣，集中注意力；培养良好的纪律作风	课堂常规：宣布课程的内容（图 1）	导入课程的主题，宣布课程的内容	四列横队成体操队形 ☆☆☆☆☆☆ ☆☆☆☆☆☆ ○○○○○○ ○○○○○○ △ （图 1）	1	
二	为教学活动做好准备，预防和减少创伤的发生	跟音乐节奏进行热身运动 1. 跆搏操 2. 基本步法练习： ①前进步与后撤步（图 2） ②前滑步与后滑步 ③原地跳换步（图 3）	1. 教师领操 2. 参与学生各组热身运动 3. 教师语言激励、提示	1. 学生模仿参与 2. 分 4 小组，小组长负责指挥进行专门性练习  （图 2）  （图 3）	5	
三	基本掌握前踢的动作要领	前踢练习（图 4）	1. 教师提出要求 2. 教师巡视指导	分小组练习，注意安全  （图 4）	4	

（续上表）

顺序	达到目标	学习内容	教师指导	学生学习	课时	负荷
四	提高学生自学能力，培养学生探索精神	尝试性练习：跆拳道的基本腿法——横踢	1. 教师提出问题，引导学生根据“文字”理解，自己探索“踢”的动作 2. 教师巡视指导	1. 分小组练习，尝试踢法 2. 根据老师的点拨、提示，探索动作	5	
五	初步掌握横踢的动作要领，培养分析解决问题的能力	横踢练习： ①分解动作练习 ②连贯动作练习 ③踢脚靶练习（图5）	1. 组织学生分组观看DVD，提出问题 2. 教师讲解动作要领，并示范 3. 教师从旁点拨 4. 请学生示范，并纠正其错误，点拨、激励学生	1. 观看DVD，分析动作（横踢与前踢的区别），积极思考，尝试练习 2. 学生认真听讲，并模仿练习 3. 分小组练习，相互学习，相互评价  （图5）	18	大
六	培养学生团结合作的精神，提高社会适应能力					
七	学生根据自身能力选择适合自己发展的练习	关于横踢的各种练习	分层教学	根据自己的实际情况选择练习方法		
八	培养、提高学生的竞争意识和遵守规则的意识。在游戏中体验成功与失败。增强社会适应能力	游戏：绕圈追逐（图6）	1. 教师介绍游戏的规则 2. 参与游戏，师生同乐	积极参与 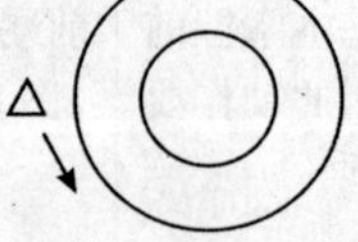 （图6）	8	大

（续上表）

顺序	达到目标	学习内容	教师指导	学生学习	时间	负荷
九	提高学生的自信心和社会适应能力	1. 放松：按音乐节奏进行放松（图7） 2. 小结：组织学生收拾器材	1. 师生参与 2. 评价	全身心投入 ☆☆☆☆☆☆☆ ☆☆☆☆☆☆☆ ○○○○○○○ ○○○○○○○ △ （图7） 相互评价	4	小
心理指标预测						
平均心率	125～135次/分	练习密度	45% ±5%	强度指数	1.5～1.6	
课后反思	本课依据“体育与健康课程标准”的要求，把新兴体育运动项目跆拳道引进体育课堂，以跆拳道的基本腿法——横踢为载体，带动其他四个领域目标的落实。使学生在课堂上学中有玩，玩中有乐，乐中有趣，趣中有练，练中有悟。在练习中，通过学生自己找合作伙伴的形式进行教学训练，培养学生迅速融入团队的社会适应能力。在课程的总结中，引导学生通过上网、查看书籍等方式来了解跆拳道，让本课得以延伸。但在本课教学中也存在不足之处，主要有： ①对跆拳道这类技击运动，少数女生在学习与锻炼中不够积极。今后在教学中应多关注个体差异，促进全体学生健康成长。 ②课前有关跆拳道的资料收集不够，学生没有充分的时间去了解跆拳道的文化。如果学习的氛围能形成，效果可能更好。 ③广东华侨中学正尝试用跆拳道俱乐部的形式吸引更多的学生参加这项运动，从而使学生的兴趣得以延续，并付诸行动，真正做到终身体育。					

【实践与思考】

1. 简述广东华侨中学的体育特点。

2. 简述广东华侨中学跆拳道的发展情况。

第三章　跆拳道运动的基本技术

【学习目标】

通过学习跆拳道的礼仪、使用部位、姿势和步法等，了解和掌握跆拳道入门的基础知识，学习跆拳道的基本技术。

第一节　基本功练习

一、跆拳道的礼仪

（1）跆拳道的礼节又称礼仪，是跆拳道深层精神内涵的表现。前面已经说过，跆拳道练习虽然是以双方格斗的形式进行，但不管对抗怎样激烈，由于双方都是以提高技艺和磨炼意志品质为目的，所以在双方内心深处都必须保持对对方的敬意和向对方学习的心理。

（2）在练习时，习练者要衣着整齐，头发整洁，对教练、同伴时刻都要表现出谦恭、服从、互助互学的态度。最常用的礼节表示方式是向教练、同伴敬礼。训练时，进入道馆后，应端正姿势向国旗敬礼，然后按馆长、教练和长辈的顺序依次向他们敬礼。要培养克己礼让、宽厚待人和恭敬谦逊的道德品质。只有这样，才符合跆拳道的精神，才有利于跆拳道的正确发展。

（3）跆拳道的敬礼：面向对方直体站立，向前屈腰30°，头部前屈45°左右。同时两手紧贴两腿，两脚跟并拢（图3－1）。

图 3－1

二、跆拳道的使用部位

跆拳道的一个特点就是关节武器化，而且部位很多，形态各异，但就其根本而言，仍不外乎拳、掌、腿、脚等基本部位。只有熟练掌握这些部位的动作要领，并按正确的方法练习，才能在实践中得心应手，随机应变地运用。

1. 拳

拳用于攻击面部、胸部和腹部。跆拳道中最常使用的是冲拳（图 3－2）。

图 3－2

冲拳的握法：四指并拢向内弯卷，再把拇指弯曲压于食指和中指之间（图 3－3）。

图 3－3

2. 掌

掌即所谓的手刀。手刀是将五指并拢，弯曲拇指紧贴掌心，用小指侧的掌外沿砍法（图 3 –4）。此外还有熊掌等。

图 3 –4

3. 脚

脚有前脚掌、脚跟、脚后跟、脚背和足刀等攻击部位。

脚背（又称足背）是用脚尖绷直下压，使脚背突出，用脚面作为攻击的着力点，一般用于横踢等（图 3 –5）。

图 3 –5

足刀又称为脚刀，脚趾端并拢，踝关节内扣，脚外侧形成一个侧面，脚形如刀，一般用于侧踢（图 3 –6）。

图 3 –6

三、准备姿势和步法

跆拳道的站姿就是在训练和比赛中的准备姿势。作为跆拳道竞赛中的基本站立姿势，它应便于进攻、防守反击及步法的移动。

1. 准备姿势

两脚前后开立，两脚相距1步，身体侧向对着对方，两手半握拳，沉肩，两臂屈肘，自然垂放。左架准备姿势是右脚在后，重心落在两脚之间，膝部略弯曲，眼睛平视对方面部，下颌微收（图3－7a）。右架准备姿势则动作相反（图3－7b）。

a

b

图3－7

2. 准备姿势的基本步法

基本步法是指用准备姿势站立后，向不同方向移动的方法。步法是否灵活，在一定程度上决定了习练者的进攻、防守或反击是否能够达到目的，所以步法在跆拳道训练中占有重要地位。

(1) 上步。以左架准备姿势（以下简称“左架”）站立，右脚向前上1步，成为右架准备姿势（以下简称“右架”）（图3－8）。

【实践运用】

上步常用于逼迫对方后撤或引诱对方进攻。而当对方使用上步时，我方可以立即使用进攻技术攻击对方。

图 3－8

图 3－9

（2）后撤步。以左架站立，左脚向后撤 1 步，成为右架准备姿势（图 3－9）。右架后撤步则动作相反。

【实践运用】

后撤步常用来应付对方使用前横踢，当对方准备继续进攻时，可用前腿的侧踢或勾摆踢、劈腿阻击对方。

（3）前跃步。以左架站立，两脚同时向前跃进 1 步，保持左架准备姿势（图 3－10）。右架前跃步则动作相反。

【实践运用】

前跃步常用在快速接近对方以便使用横踢或劈腿等进攻动作。当对方使用前跃步时，我方可用前腿的劈腿、后踢或后旋踢迎击对方。但有时对方使用前跃步是为了引诱我方反击后调整重心时再进攻，此时，可以随之后撤一步而不被对方所利用。

图 3－10

图 3－11

（4）后跃步。以左架站立，两脚同时向后回撤1步，保持左架准备姿势（图3－11）。右架后跃步则动作相反。

【实践运用】

后跃步常用在对方发起进攻，我方需要快速与对方拉开距离时，此时由于我方有一个向后撤的惯性，再用进攻的动作就有一定的难度，因而一般使用迎击动作，如后踢或后旋踢。若对方使用后跃步时，我方则要预防对方的阻击动作。如果我方使用组合动作，在对方后跃步时，我方一般使用侧踢、推踢或外摆劈腿等动作。

（5）原地换步。以右架站立，两脚原地前后交换，由右架换成左架。左架原地换步则动作相反。

【实践运用】

原地换步常在双方均是闭式站位，我方为了与对方形成开式站位，以便更有利于击打对方胸腹部，或是为了不让对方的优势腿发挥威力，使对方感到别扭时使用。当对方原地换步时，可利用此时机进行抢攻。

（6）侧移步。第一种步法是以前脚为轴，后脚向左（右）侧方向移动，用以改变与对手的站位方向；第二种步法是左架站立，左脚先向右（左）侧移动1步，随之右脚也迅速向右（左）侧移动1步（图3－12）。

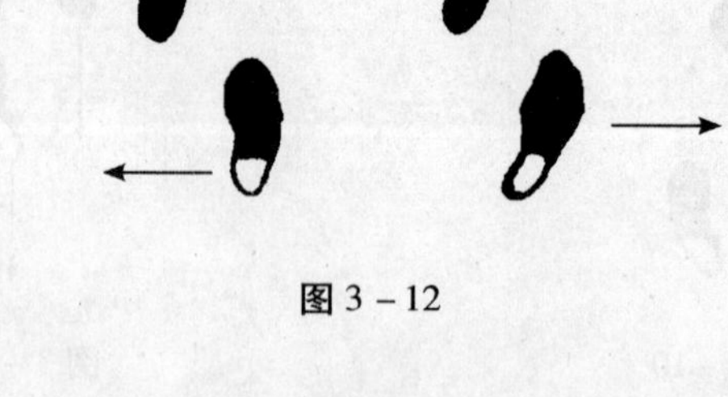

图3－12

【实践运用】

主动进攻时，对方反应速度快，宜使用向一侧移动的侧移步，使对方来不及调整身体重心而不能很好地反击；或是当对方进攻时，我方不向后撤，而是使用侧移步与对方贴近再使用进攻动作。

（7）弹跳步。以右架站立，原地上下有节奏地弹跳。

（8）垫步。以左架站立，右脚向左脚内侧上步，同时左腿迅速抬起以便进攻和防守。

【实践运用】

主要是为了在主动进攻时用前腿攻击对方。

第二节　冲拳与格挡防守练习

一、冲拳——防不胜防的技击

【动作过程】

两手握拳抱于腰间，肘尖向后，拳心朝上，左拳从腰间向前旋臂猛力冲击，力达拳面，臂伸直，与肩同高，然后收回左拳冲右拳，依次进行（图3－13）。冲拳可根据实战的需要而改变其攻击位置（图3－14）。

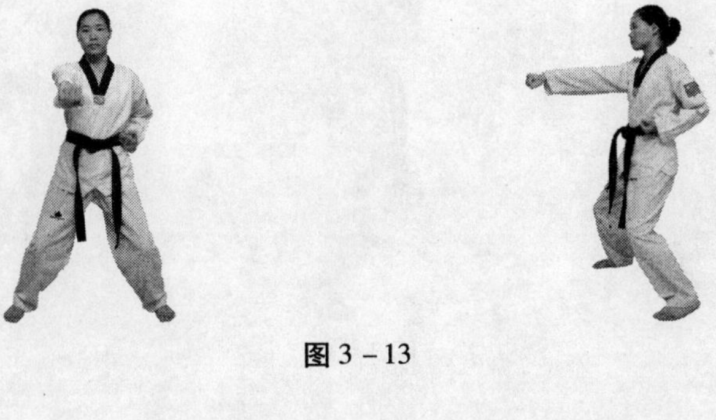

图3－13

图 3－14

二、防守——无时不在的技击

跆拳道习练者必须掌握良好的进攻和防守技术，这样，在实战应用中才有可能变被动为主动，从而战胜对手。常用的基本防守技术有防上段、防中段、防下段、防手刀等。

图 3－15

1. 防上段

防上段的方法很多，但大多采用两手握拳，右拳或左拳外旋臂由下向上至头前上方，格挡对方从上向下的进攻动作。力达前臂或手腕和拳，拳背向内（图 3－15）。

2. 防中段

将拳从腰部举至肩部上方，然后从外向内格挡，以前臂挡在身体中线的心窝部前，防止对方的正面攻击，臂肘夹角约 90°（图3－16）。也可由内向外格挡。

图 3－16

3. 防下段

将拳从腰部举至肩上（拳心向内），然后以前臂向斜下方向外格挡，把拳置于下腹处以防对方的下段攻（图 3－17）。

图 3 – 17

4. 防手刀

双手成手刀，从内侧向外侧防止对方的进攻（图 3 – 18）。

图 3 – 18

第三节　基础腿法练习

一、前踢——直接有效的技击

前踢动作是学习横踢的基础，在“型”（品势）练习中经常用到。特别是在需要自卫防身时，前踢的威力就会充分显示出来。

【动作过程】

（1）以左架站立，重心前移至左腿（图3－19a）。

（2）右腿提膝向前，髋关节前送（图3－19b）。

（3）右大腿向前抬提，并弹出小腿，用脚面击打目标（图3－19c）。

（4）向右转髋使右小腿折叠快收，还原为左架（图3－19d）。

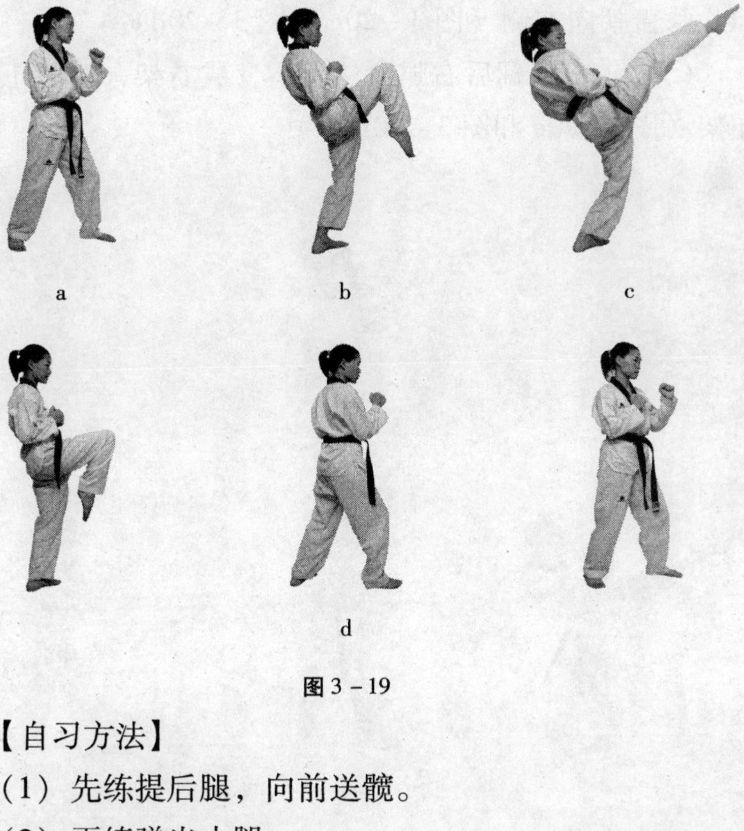

a　b　c

d

图3－19

【自习方法】

（1）先练提后腿，向前送髋。

（2）再练弹出小腿。

（3）完整练习前踢动作。

（4）熟练动作后，使用脚靶配合练习，逐渐提高前踢的高度和远度。

二、横踢——有效得分的技击

横踢是跆拳道比赛中最常用的得分技能之一。

【动作过程】

（1）以左架站立，提起右腿，膝关节夹紧向前起腿，同时髋部向左转，脚面绷直（图 3－20a 和图 3－20b）。

（2）以左脚掌为轴，向左拧转 90°，右腿快速弹踢小腿，膝盖朝向左侧（图 3－20c 和图 3－20d）。

（3）击打目标后右腿自然落下，成右架，然后还原成左架（图3－20e 和图 3－20f）。

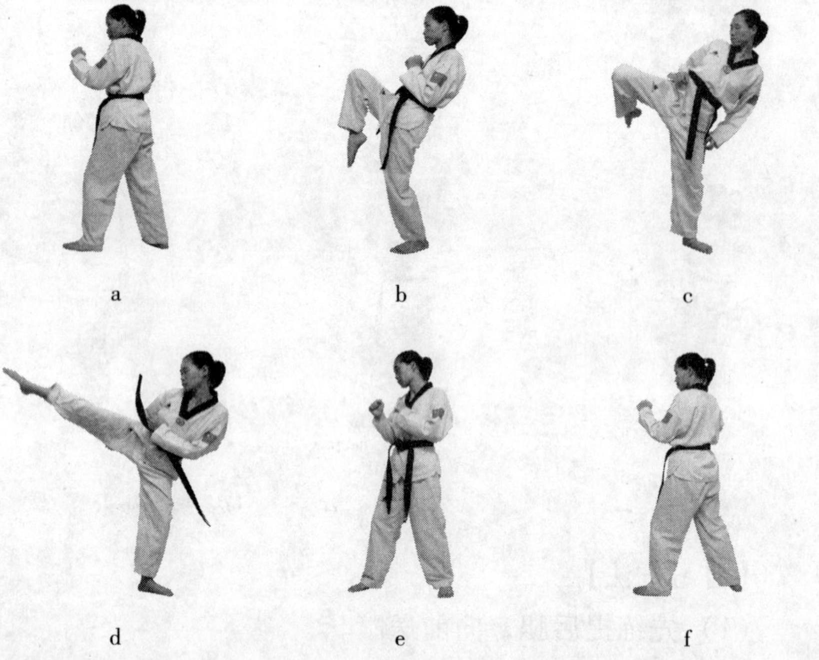

图 3－20

【动作要领】

横踢主要攻击对方的胸腹部、面部及肋部（图 3－21）。

图 3-21

【自习方法】

（1）提后腿（提膝），同时转髋。

（2）弹出小腿。

（3）练习高横踢（击打头部）。

（4）左右架交替练习，使两腿能熟练横踢。

（5）使用脚靶配合练习。

（6）高横踢击打脚靶。

三、下劈——最具威力的技击

下劈（也称劈腿）是由上向下快速砸劈的腿法，是防守反击和连续进攻的主要技术。

【动作过程】

（1）左架站立，重心移向左腿（图 3-22a）。

（2）提右大腿，略转髋向左并向上送髋，腿最大限度地往高、往后举，与上体贴身，脚心向上（图 3-22b 和图 3-22c）。

（3）右腿脚面稍绷直，用脚掌或脚后跟下砸对方头部，身体重心前移至右腿上，身体稍向后（图 3-22d）。

（4）击打后，右脚自然落下成右架，然后后撤右脚，还原成左架（图 3-22e 和图 3-22f）。

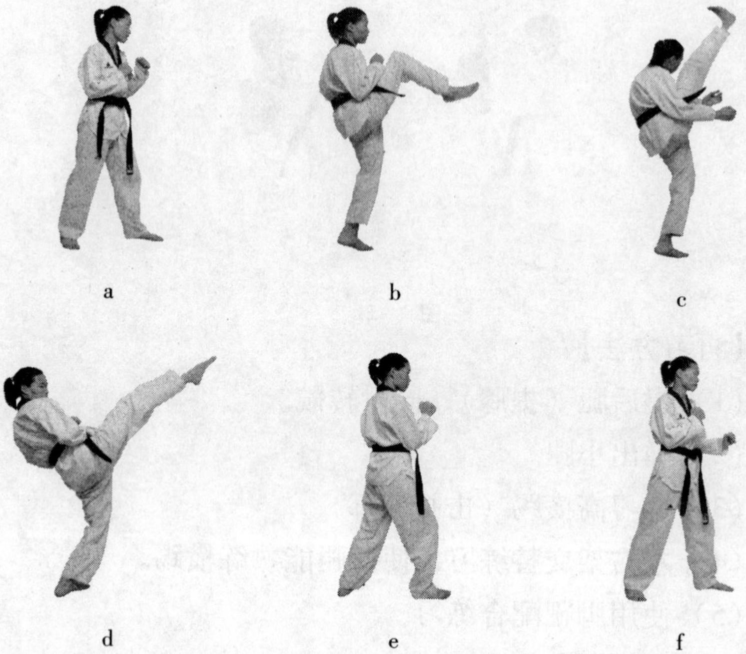

图 3－22

【自习方法】

（1）扶物先练习提腿、提膝和上举腿。

（2）练习下劈腿的动作。

（3）完整练习后腿下劈腿动作。

（4）使用脚靶配合练习。

（5）两人一组，交替进行练习。

第四节　技巧腿法练习

一、后踢——意想不到的技击

后踢是跆拳道比赛中最常用的动作之一，也是习练者反击对方进攻的主要技术。

【动作过程】

（1）左架站立，重心移至左腿（图3－23a）。

（2）以左脚尖为轴，左脚跟外旋，身体向后方转动（图3－23b）。同时，提起右大腿，使大小腿折叠，脚尖勾起，头部稍向后方转动（图3－23c）。

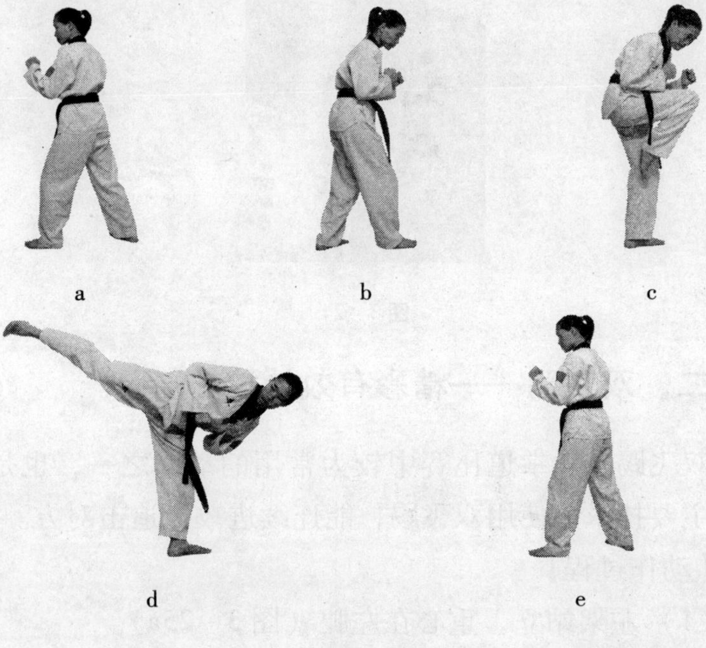

图3－23

（3）右腿向后平伸后蹬，在蹬直前膝盖稍外翻（图

3－23d）。

（4）用脚跟部位击打对方腹部和胸部。

（5）击打后，右脚自然落下成右架，然后后撤右脚，还原成左架（图3－23e）。

【自习方法】

（1）先扶物练习转身。

（2）练习转身同时提膝。

（3）平伸后蹬。

（4）练习完整的后踢动作。

（5）使用固定靶练习，如练习后踢沙袋（图3－24）。

（6）熟练后可练习后踢击打头部。

图3－24

二、双飞踢——精彩有效的技击

双飞踢是跆拳道比赛中较为常用的动作之一，也是得分的主要技术。使用双飞踢，能连续进攻、追击对方。

【动作过程】

（1）左架站立，重心在左腿（图3－25a）。

（2）抬起右脚横踢（图3－25b和图3－25c），在右脚未落地时（图3－25d），立即提左脚横踢（图3－25e）。

（3）击打后，两脚后撤返回原位（图 3 －25f）。

a　b　c　d　e　f

图 3 －25

【自习方法】

（1）先练习左、右横踢。

（2）利用脚靶练习完整的双飞踢动作。

三、旋风踢——不可思议的技击

旋风踢是跆拳道比赛中常用的动作之一，也是腿法中力量最大、威力最强的动作。

【动作过程】

（1）以左架站立，左前脚掌为轴，脚后跟外旋，重心移至左腿（图3 －26a）。

（2）身体向右后转约 180°，右脚向后随着转动（图 3 －26b）。

（3）身体稍后仰，在右腿下落的同时右脚蹬地，用左腿横踢击打目标（图 3－26c 和图 3－26d）。

（4）击打后，两脚后撤返回原位（图 3－26e）。

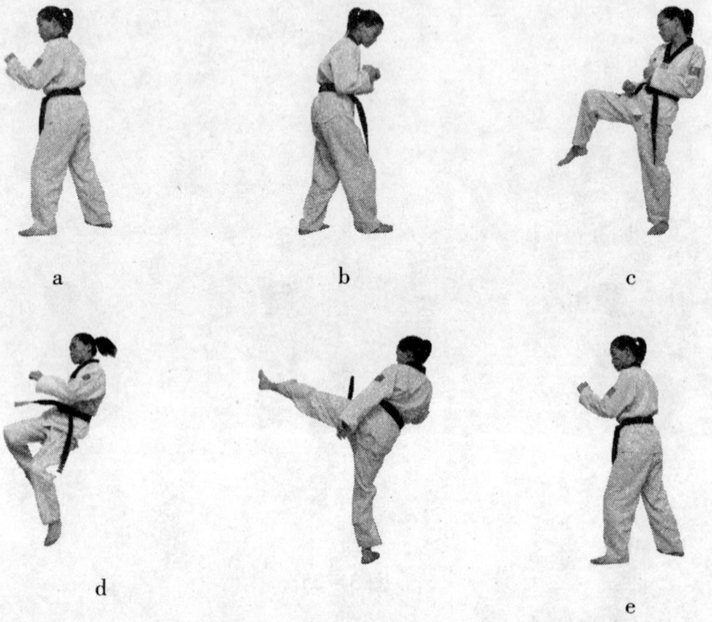

a b c d e

图 3－26

【自习方法】

（1）先练习横踢，熟练后再练旋风踢。

（2）练习原地转身，右腿要主动配合转动。

（3）从慢到快逐步过渡到完整的旋风踢。

（4）左架旋风踢熟练后再练习右架旋风踢。

（5）左右架交替练习，两个动作之间向前 1 步，则可使左右旋风踢能够连接起来。

（6）利用脚靶进行旋风踢练习。

（7）结合步法移动进行旋风踢练习。

（8）利用沙袋进行旋风踢练习。

第五节　酷难腿法练习

一、侧踢——简单实用的技击

侧踢主要用来攻击和阻挡对方进攻。

【动作过程】

（1）以左架站立，以左脚掌为轴外旋90°（图3－27a）。

（2）直线提起右大腿，弯曲小腿，同时向左转髋（图3－27b）。

（3）膝盖朝内，勾脚面，展髋（图3－27c），直线平蹬出右腿（图3－27d）。

a　b　c　d　e

图3－27

（4）右腿自然落地，并撤回原位（图3－27e）。

【自习方法】

（1）练习提膝、转髋。

（2）练习平蹬腿。

（3）完整练习侧踢。

（4）用护具或沙袋进行练习。

二、勾踢——灵巧快捷的技击

勾踢在实际运用时，是迎击对方得分的主要技术。

【动作过程】

（1）右架站立（图 3－28a），右脚蹬膝提起，以左脚前脚掌为轴外旋（图 3－28b）。

（2）右腿以膝关节为轴抬起，向右后方蹬伸，摆直右腿（图 3－28c），用脚掌向右横向鞭打目标（图 3－28d）。

图 3－28

（3）右脚自然落下，然后还原为右架（图 3－28e）。

【自习方法】

（1）利用支撑物练习提膝。

（2）练习横向鞭打小腿。

（3）进行完整的动作练习。

（4）使用脚靶进行练习。

三、后旋踢——凌厉潇洒的技击

后旋踢，简称后旋，是跆拳道比赛中常用的动作之一，也是运动员反击对方进攻的主要技术。

【动作过程】

（1）左架站立（图 3－29a），以左前脚掌为轴，左脚跟外旋，重心移至左腿。

（2）身体向右后方转动（图 3－29b），提起右脚向斜后方 40°左右蹬伸，头部向右后方转动（图 3－28c）。

（3）身体继续旋转，右脚借旋转的力，向后画一个半圆形的水平弧线，快速屈膝，用脚掌击打对方头部（图 3－29d 和图 3－29e）。

（4）击打后，身体重心依然在左腿上，右脚自然落下，还原成左架（图 3－29f）。

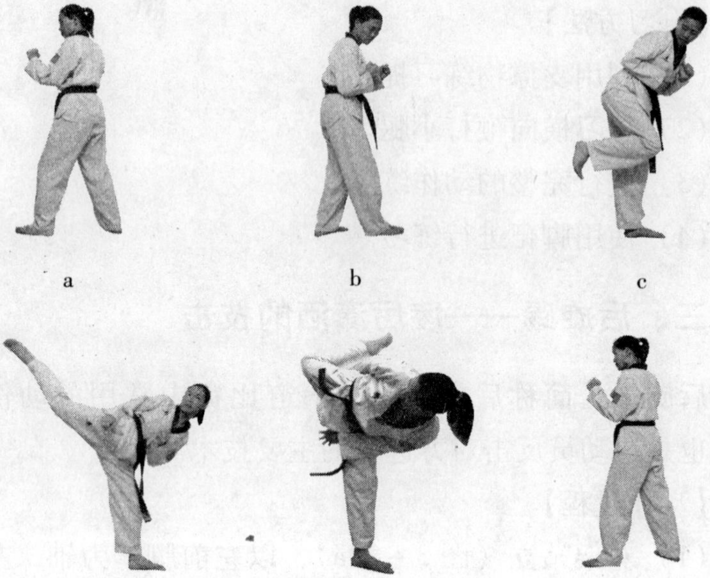

a b c

d e f

图 3－29

【自习方法】

（1）支撑脚前脚掌着地转动，转身同时向后蹬伸腿。

（2）右腿向后摆动。

（3）先练习身体原地转动 360°，右腿开始摆动时不要求高度，熟练后再逐渐提升摆动高度。

（4）进行完整的后旋踢动作练习。

（5）熟练后可练习左架的后旋踢。

【实践与思考】

1. 跆拳道的“礼”的内涵是什么？

2. 跆拳道使用的基本部位有哪些？

3. 跆拳道的准备姿势和步法主要有哪些？

4. 跆拳道的横踢要领是什么?

5. 简述跆拳道的下劈动作过程。

6. 练习本章跆拳道腿法时应该注意哪些问题?

7. 加强上肢力量和拳面击打的硬度锻炼:

(1) 拳上俯卧撑20次以上，为以后功力破板打好基础;

(2) 功力检测：拳上俯卧撑40次，用正拳、前踢破击木板两块。

第四章　跆拳道运动的“型”（品势）

【学习目标】

通过学习跆拳道的“型”品势（套路）太极一至四章套路动作要领，熟练跆拳道各品势的标准动作和基本动作，提高动作的准确度及表现力的水平。

第一节 型（品势）练习

所谓“型”，即跆拳道的品势。“品势”类似中国武术界所说的套路，也是学习跆拳道的一种方法。通过假想对手而进行攻防练习，并将一定数量的动作编排串联，形成一套具有特点和难度的统一模式套路。通过套路的练习，可以熟练地掌握手、脚与身体各部位的各种不同动作，有效地提高自身的力量、速度、灵敏度、柔韧性、平衡性等。同时，也可增强初学者的自信心，使其培养一种健康的精神状态。跆拳道的套路约有11型25套。由于篇幅所限，本书仅选最基础的型篇——太极一至四章进行介绍。

【注意事项】

（1）每一个完整的品势都有开始姿势和结束姿势。

（2）身体要保持一个正确的姿势，面向一个正确的方向，在进攻或防守时，手脚必须到位。

（3）准确掌握动作的不同速度，并知道如何调整。

（4）控制动作和脚的位置，发声时要洪亮短促。

（5）了解每个动作的目的，经常做实战的想象练习。

（6）每天都要进行品势的练习。

（7）一次练习一个品势，熟练后再进行另一个品势的练习。

第二节　太极一章

方位图（图 4－1）

图 4－1

【动作过程】

【准备姿势】

图 4－2

①转身下截

图 4－3

②顺步冲拳

图 4－4

③转身下截

图 4－5

④顺步冲拳

图 4－6

⑤弓步下截

图 4－7

⑥弓步冲拳

图 4－8

⑦转身内格

图 4－9

⑧上步冲拳

图 4－10

⑨转身内格

图 4－11

⑩上步冲拳

图 4－12

⑪弓步下截

图 4－13

⑫弓步冲拳

图 4－14

⑬转身上架

图 4－15

⑭－1 前踢冲拳　　⑭－2 前踢冲拳

图 4－16

⑮转身上架

图 4－17

⑯前踢冲拳

⑯－1　　⑯－2

图 4－18

⑰弓步下截

图 4－19

⑱弓步冲拳

图 4－20

【收势】

图 4－21

第三节　太极二章

方位图（图4－22）

图4－22

【动作过程】

【准备姿势】

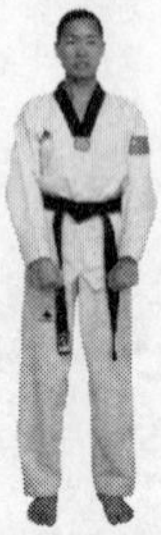

图 4－23

①转身下截

图 4－24

②弓步冲拳

图 4－25

③转身下截

图 4－26

④弓步冲拳

图 4－27

⑤转身内格

图 4－28

⑥上步内格

图 4－29

⑦转身下截

图 4－30

⑧前踢冲拳

⑧－1

⑧－2

图 4－31

⑨转身下截

图 4－32

⑩弓步冲拳

⑩－1　⑩－2

图4－33

⑪转身上架

图4－34

⑫上步上架

图4－35

⑬转身内格

图4－36

⑭转身内格

图4－37

⑮转身下截

图4－38

⑯前踢冲拳

⑯－1　⑯－2

图4－39

⑰前踢冲拳

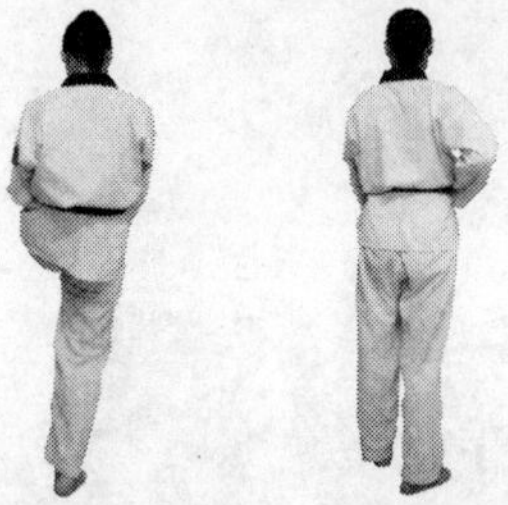

⑰－1　⑰－2

图4－40

⑱前踢冲拳

⑱－1　⑱－2

图4－41

【收势】

图4－42

第四节　太极三章

方位图（图4－43）

图4－43

【动作过程】

【准备姿势】

图4－44

①转身下截

图4－45

②前踢冲二拳

②－1

②－2

②－3

图4－46

③转身下截

图4－47

④前踢冲二拳

④－1

④－2

④－3

图4－48

⑤转身前砍

图 4 – 46

⑥上步前砍

图 4 – 50

⑦脚三七步外截

图 4 – 51

⑧弓步冲拳

图 4 – 52

⑨脚三七步外截

图 4 – 53

⑩弓步冲拳

图 4 – 54

⑪转身内格

图 4 – 55

⑫上步内格

图 4 – 56

⑬转身下截

图 4 – 57

⑭前踢冲二拳

⑭ – 1　⑭ – 2　⑭ – 3

图 4 – 58

⑮转身下截

图 4－59

⑯前踢冲二拳

⑯－1

⑯－2

⑯－3

图 4－60

⑰下截冲拳

⑰－1

⑰－2

⑱下截冲拳

⑱－1

⑱－2

⑲前踢左截右冲

⑲－1

图 4－61

⑲－2

图 4－62

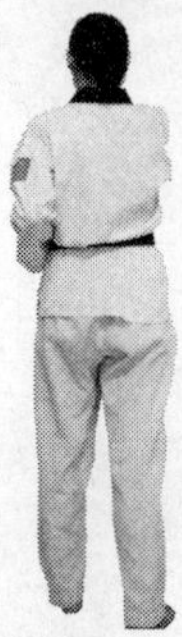

⑲－3

图 4－63

⑳前踢右截左冲

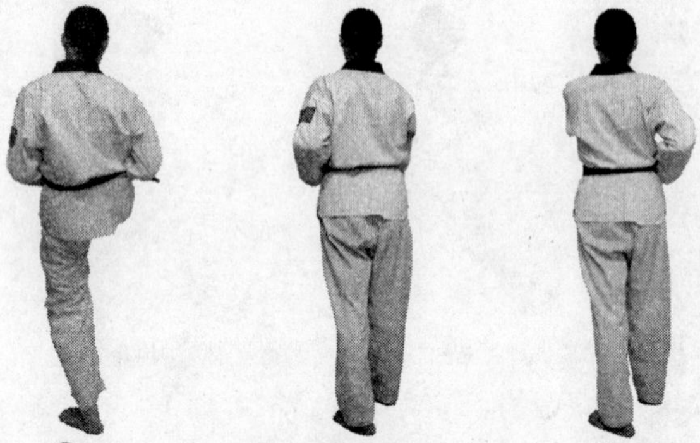

⑳－1　⑳－2　⑳－3

图 4－64

【收势】

图 4－65

第五节　太极四章

方位图（图4－66）

图4－66

【动作过程】

【准备姿势】

图 4 – 67

①转身外截

图 4 – 68

②弓步插掌

图 4 – 69

③转身外截

图 4 – 70

④弓步插掌

图 4 – 71

⑤转身架砍

图 4 – 72

⑥前踢冲拳

⑥ – 1　⑥ – 2

图 4 – 73

⑦左腿侧踢

图 4 – 74

⑧侧踢外截

⑧ – 1　⑧ – 2

图 4 – 75

⑨转身外截

图 4 – 76

⑩前踢内格

⑩－1　　⑩－2

图 4－77

⑪转身外截

图 4－78

⑫前踢内格

⑫－1　　⑫－2

图 4－79

⑬转身架砍

图 4－80（同图另面）

⑭前踢内格

⑭－1　（同图另面）　⑭－2　（同图另面）

图 4－81

⑮转身内格 ⑯前冲右拳 ⑰转身内格 ⑱前冲左拳

图 4-82

图 4-83

图 4-84

图 4-85

⑲内格冲二拳

⑲-1 （同图另面） ⑲-2 （同图另面） ⑲-3 （同图另面）

图 4-86

⑳内格冲二拳

⑳-1 （同图另面） ⑳-2 （同图另面） ⑳-3 （同图另面）

图 4-87

【收势】

图 4-88

【实践与思考】

1. 简述品势太极一章的基本动作。

2. 简述品势太极三章的基本动作。

3. 简述品势太极四章中腿法的动作。

4. 功力测试：用手刀、横踢、熊掌、侧踢、后踢、下劈破击木板四块。

第五章　技能训练与自卫术练习

【学习目标】

通过跆拳道假想练习、组合技术练习、技术与战术练习、功力练习，掌握简要跆拳道自卫术中运用防守反击动作的特点与方法，达到健身、修身、养身、自卫的目的。

第一节　技能练习

一、假想练习

假想与对手作战，设想可能出现的各种情况，以进行想象空击，也可面对沙袋、树干、假人等目标，采用猛攻猛打、佯攻巧打或躲闪进攻等战术来击中目标。这种想练结合的方法的主要目的是培养运动员的战术意识和掌握各种战术的具体用法。

二、组合技术练习

组合技术，就是根据比赛中攻防情况的变化，将两个以上的动作组合在一起的连接技术。按攻防性质来划分，组合技术概括起来大致有五种类型：进攻＋防守（先进攻再防守)；进攻＋进攻（连续进攻)；进攻＋防守＋进攻(主动进攻后立即防守反击)；进攻＋进攻＋防守（连续进攻后再防守)；防守＋进攻（先防守再反击)。

三、技术与战术练习

习练者通过科学的练习，可以强化已学过的各种击打动作，并加以灵活运用，同时提高各种身体素质，增进功力，发挥潜能，以达到成为一名跆拳道高手的目的。

1. 对镜练习

对镜练习是自我模仿练习的一种。个人通过对镜练习，可以正确掌握基本动作，体会各种攻防动作的路线、方向、力点。同时，通过镜子的反馈，可以及时纠正错误，建立良好的动作概念，并不断形成、强化正确的动力定型。

2. 喂靶练习

喂靶练习是同伴或教练员持手靶或脚靶不断变化方向和位置，要求习练者迅速作出反应，准确进行击打的一种练习方法。通过喂靶练习可以有效地提高习练者的反应速度、应变能力和攻防动作的准确性，熟练掌握在各种情况下的击打动作。练习时，同伴或教练员喂靶要遵循由慢到快、由简到繁、由易到难的原则，不断提高难度。

3. 沙袋练习

沙袋练习是跆拳道练习的一种重要方法，也是提高腿法击打力量和速度的有效手段。沙袋练习的最大好处是，习练者可以自由、充分地发挥身体的全部力量去击打目标，体验和目标接触瞬间的感觉。通过沙袋练习，不仅可以提高击打的速度和力量，而且可以提高承受能力、平衡能力、距离感和准确性等各种必要的素质。

沙袋练习的应用范围很广，各种手法和腿法都可以进行练习。

4. 攻防练习

攻防练习是两人一组，运用各种进攻和防守技术的格斗练习。这种练习是进入实战练习前的必要阶段。通过攻防练习可以熟练掌握各种进攻和防守动作在不同情况下的运用，提高击打的时机的准确性，获得更丰富的经验，为实战做好技术、战术及心理状态方面的准备。

在攻防练习时，因双方不戴护具，所以要求习练者特别注意击打的力量和部位，以免发生伤害事故。

练习的时间可以按照比赛规定的时间进行，可以适当增加局数。

5. 实战练习

实战练习是双方穿戴护具，按正式比赛的规定和要求进行练习。由于实战是在紧张、激烈和瞬息万变的情况下进行的，故可有效地提高运用技术与战术的能力，增强自信心，丰富临场比赛的经验。实战练习也是检验习练者技术水平的最有效的手段。

四、功力练习

跆拳道功力练习对提高身体素质和技术水平非常重要。健康的身体是学习与发展运动技能的保证。只有拥有强健的身体，才能使习练者更好地掌握繁杂的技术和战术，承担大负荷的练习和激烈的对抗比赛。

1. 力量练习

①俯卧撑；②立卧撑；③收腹跳；④拉橡皮条踢腿。

2. 柔韧练习

①正压腿；②侧压腿；③后压腿；④仆步压腿；⑤竖叉；⑥横叉；⑦盘腿前屈。

3. 速度练习

①各种短距离冲刺跑；②踢击沙袋练习；③单个动作的快速练习。

4. 耐力练习

①越野跑；②跳绳；③沙滩的跑跳练习。

5. 踢法功力练习

①空踢练习；②踢脚靶练习；③踢沙袋练习；④利用护具进行条件练习；⑤对练练习。

6. 破击功力练习

①插击、砍击沙袋；②拳击墙垫；③肘击木桩；④膝顶横木；⑤足踢木桩。

第二节　自卫术运用拳腿反击练习

一、运用下劈反击

对方上步右冲拳攻击胸部时，应以左臂外格挡，同时右腿用内摆下劈对方头部（图 5 –1）。

a　b　c

图 5 –1

二、防前踢肘反击

对方用右前踢攻击腹部或胸部时，应以左手防下段格挡，同时上步右臂屈肘向上挑击对方的咽喉或下颌部（图 5 –2）。

a　　　　b　　　　c

图 5－2

第三节　自卫术运用膝和反关节反击练习

一、破拳反击

对方出右拳攻击颌部时，应以右前臂向外格挡，顺势下拉其右臂（图 5－3a），用右膝猛撞其上腹（图 5－3b）。

a　　　　b

图 5－3

二、破手反擒腕指

对方从前方抓住我方右手（图 5－4a）。

（1）我方用双手抓住对方的右手四指，用拇指向前上推顶，同时左脚后撤（图 5－4b）。

（2）继续用力下拉对方右手指，反折压其腕指关节（图 5－4c）。

a b c

图5－4

三、破肩反擒臂

对方从前方用右手抓住我方左肩的衣领（图5－5a）。

（1）我方或用右手抓住对方右手，左手按其肘，同时撤右脚（图5－5b）。

（2）我方或用右手抓其右腕掌，同时左手下压按扭住对方肘关节，并顺时针方向转体，擒制对方右臂（图5－5c）。

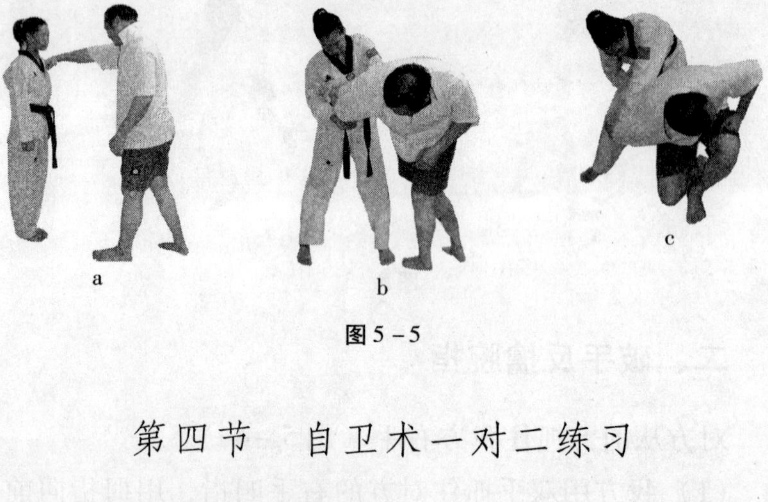

a b c

图5－5

第四节　自卫术一对二练习

一人对付两人自卫术。

（1）甲乙两对手在前方抓住我方两臂（图5－6a）。

（2）我方向前迈左脚，同时推扭甲乙的臂（图5－6b）。

（3）右手抓握甲右手（图5－6c），并用左手上举其右肘，同时向右转体。

（4）扭住甲的右臂同时，用右腿侧踢乙腹部（图5－6d）。

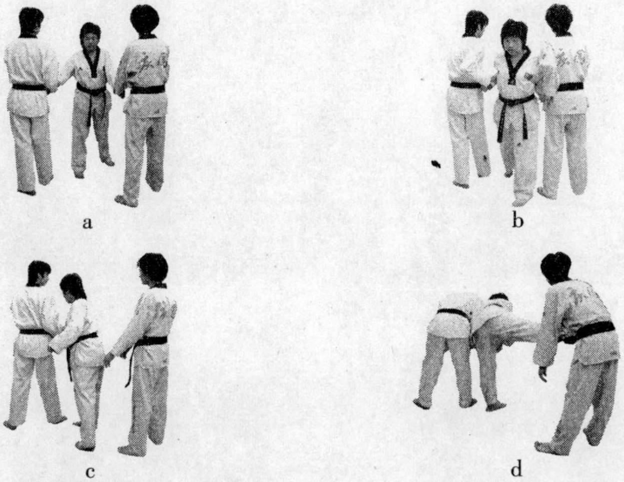

图5－6

【实践与思考】

1. 试述跆拳道组合技术运用的要领。

2. 为什么要进行假想练习？

3. 为什么要进行跆拳道技术与战术训练？主要方法有哪些？

4. 在练习跆拳道自卫术用下劈反击中应该注意哪些问题？

5. 功力测试：用后踢、下劈、旋风踢、后旋踢破击木板四块；用腾空高踢、腾空后旋踢（腾空飞跃一人后踢、腾空飞跃三人侧踢）破击木板四块。

第六章　跆拳道竞赛知识

【学习目标】

通过学习跆拳道运动的竞赛规则，在了解竞赛规则的条件下，充分发挥技术与战术的作用。

第一节 跆拳道竞赛规则

一、比赛类型

跆拳道竞赛分团体比赛、个人比赛，采用单败淘汰赛制。

二、比赛体重级别划分

（一）非奥运会比赛和全国赛体重级别

级别（国际标准名称）	男子	女子
Fin（鳍量级）	54kg 以下	47kg 以下
Fly（蝇量级）	54～58kg	47～51kg
Bantam（雏量级）	58～62kg	51～55kg
Feather（羽量级）	62～67kg	55～59kg
Light（轻量级）	67～72kg	59～63kg
Welter（次中量级）	72～78kg	63～67kg
Middle（中量级）	78～84kg	67～72kg
Heavy（重量级）	84kg 以上	72kg 以上

（二）奥运会比赛和全运会体重级别

男子	女子
58kg 以下	49kg 以下
58～68kg	49～57kg
68～80kg	57～67kg
80kg 以上	67kg 以上

（三）全国青年锦标赛体重级别

级别（国际标准名称）	男子	女子
Fin（鳍量级）	45kg 以下	42kg 以下
Fly（蝇量级）	45～48kg	42～44kg
Bantam（雏量级）	48～51kg	44～46kg
Feather（羽量级）	51～55kg	46～49kg
Light（轻量级）	55～59kg	49～52kg
Welter（次中量级）	59～63kg	52～55kg
LightMiddle（轻中量级）	63～68kg	55～59kg
Middle（中量级）	68～73kg	59～63kg
LightHeavy（轻重量级）	73～78kg	63～68kg
Heavy（重量级）	78kg 以上	68kg 以上

少年儿童比赛的级别设置，在保证安全的基础上，由组委会根据实际情况确定。

三、比赛时间

男子比赛每场为 3 局，每局比赛的时间为 3 分钟，局间休息 1 分钟。女子和青少年锦标赛每场比赛为 3 局，每局比赛为 2 分钟，局间休息 1 分钟。

四、比赛服装

参加比赛的运动员必须穿戴道服和保护用具（护身、头盔、护裆、护臂、护腿）。

五、比赛场地

比赛场地是 10m × 10m 水平的铺弹性垫子的正方形场

地。具体比赛区域的划分如图 6－1 所示。

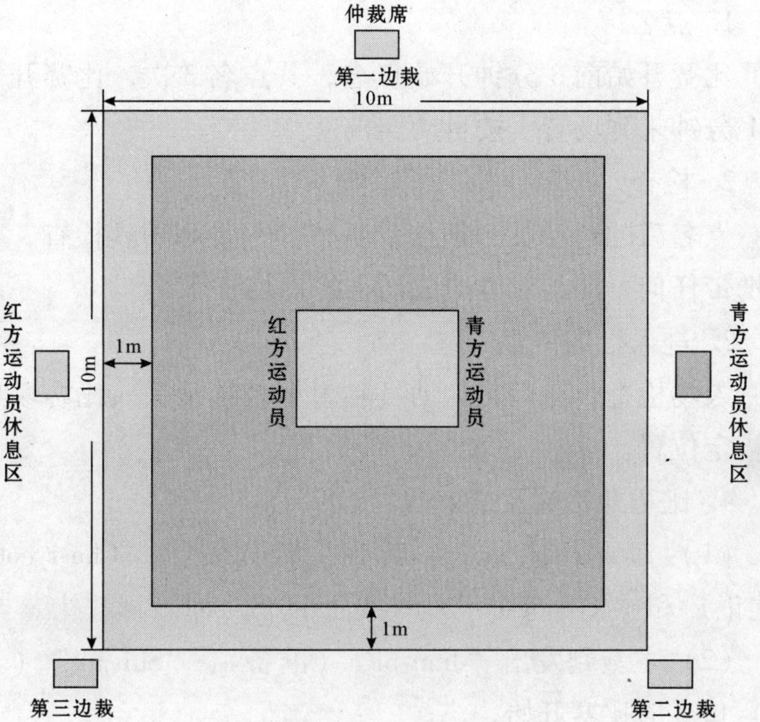

图 6－1　比赛场地示意图

（1）10m×10m 的正方形区域称为比赛区。比赛区从外向内有一条宽 1m 的不同颜色的宽线，提醒运动员不要越出边界线。

（2）比赛区和警戒区的表面用两种不同颜色划分，同色时要用 5cm 宽的白线区分。

（3）划分比赛区和警戒区的线称为警戒线，比赛场地最外面的线称为边界线。

六、比赛程序

1. 点名

比赛开始前3分钟开始点名，共点名3次，比赛开始后1分钟未到场者，按自动弃权论。

2. 检查

点名后的运动员必须接受身体、服装和护具检查，不得携带任何可能给对方造成伤害的物品。

3. 进入指定位置

入场检查合格后，运动员和1名教练员进入比赛场地的指定位置。

4. 比赛开始前及结束后的程序

（1）双方相向站立，听到主裁判发出“Cha-ryeot”（立正）和“Kyeong-rye”（敬礼）的口令时互相敬礼。

（2）主裁判发出“Jmn-bi”（准备）、“Shi-jak”（开始）口令时比赛开始。

（3）最后一回合结束后，选手相向站在指定位置，主裁判发出“Cha-ryeot”（立正）、“Kyeong-rye”（敬礼）口令时相互敬礼，然后立正等待最后判定。

（4）主裁判举起自己的一侧手臂，宣布同侧方运动员获胜。

（5）运动员退场。

第二节　跆拳道评判方法

一、禁击部位

禁止攻击部位包括后脑、后背、腰部以下。

二、允许的技术和攻击的部位

1. 允许的技术

（1）拳的技术：使用直拳技术攻击。

（2）脚的技术：使用踝骨以下脚的部位攻击。

2. 允许被攻击的部位

（1）躯干：允许使用拳和脚的技术攻击躯干被护具包裹的部分，但禁止攻击后背脊柱。

（2）头部：从两耳向前的头颈的前部，只允许使用脚的技术攻击。

3. 有效得分部位

（1）躯干中部：躯干被护具包裹的部位。

（2）头部：头部允许被攻击的部位。

4. 得分

得分是指使用允许的技术，准确、有力地击中有效得分部位后所得的比赛分数。

（1）有效得分分值：

①击中躯干中部得 1 分；使用旋转的跆拳道动作击中躯干中部情况下，再加 1 分。

②击中头部得 2 分，再加 1 分。

③运动员被击倒（主裁判员读秒的情况下），再加1分。

（2）比分为三局比赛得分总和。

（3）得分无效：使用禁止的动作攻击，得分无效。

三、犯规行为

任何犯规行为都将由主裁判员判罚。

处罚分为“警告”（Kyong-go）和“扣分”（Gam-jeom）。

两次警告扣1分（-1），警告次数为奇数时，最后一次不计。

一次“扣分”扣1分（-1）。

1. 判罚警告的犯规行为

（1）越出边界线。

（2）倒地、伪装受伤、转身背向对手逃避进攻等回避比赛的行为。

（3）抓、搂抱或推对手，用膝部顶撞对手、用拳攻击对手头部或用脚攻击腰以下部位。

（4）教练员或运动员使用不合理言语或做出任何不良行为。

2. 判罚扣分的犯规行为

（1）发出“暂停”（Kal-yeo）口令后攻击对手或攻击已倒地的对手。

（2）抓住对手进攻的脚将其摔倒，或用手推倒对手。

（3）故意用拳攻击对手面部。

（4）教练员或运动员打断比赛进程或使用过激言语，

行为严重违反体育道德。

（5）运动员违背竞赛规则和故意不服从主裁判员时，主裁判员可直接判其“犯规败”。

（6）犯规累计扣4分（-4）者，判其“犯规败”。

警告和扣分按三局累计。

当主裁判员为下达“警告”（Kyong-go）或“扣分”（Gam-jeom）而暂停比赛时，比赛时间在主裁判员发出“暂停”（Shi-gan）口令时暂停，直到主裁判员发出“继续”（Kye-sok）的口令，比赛继续进行。

四、优势判定

（1）当因扣分出现平分时，三局比赛中得分者或得分多分者获胜。

（2）当三局比赛结束，双方出现绝对平分时，加赛一局，采取“突然死亡法”（先得分的一方获胜）。如果加赛局仍然打平，则进行优势判定。

（3）优势判定时，当场比赛所有裁判员根据比赛情况判定优胜者获胜。如果三名边裁判员的决定是2:1，主裁判员将自行决定获胜方。

（4）优势的判定是依据比赛中表现出的主动性。

五、获胜方式

（1）击倒胜（K. O胜）。

（2）主裁判员终止比赛胜（RSC胜）。

（3）比分或优势胜（7分制；12分制）。

（4）弃权胜。

（5）失去资格胜。

（6）主裁判员判罚犯规胜。

六、击倒

运动员在比赛中受到合法攻击后，若出现以下三种情况之一，将被判“击倒”：

（1）除双脚以外的身体任何部位着地。

（2）身体摇晃，丧失继续比赛的意识和能力。

（3）主裁判员判定运动员受到强烈击打而不能继续比赛。

七、比赛分差胜

当双方运动员比分分差达到7分（含扣分），比赛结束，比分多者获胜。

（1）当双方运动员比分分差达到7分，若主裁判未能及时察觉，记录台值班裁判长应及时吹哨提醒主裁判终止比赛，判得分多者获胜。

（2）当双方运动员比分分差临近7分，若双方运动员通过一个完整的交手回合，同时得分或先后得分，可能出现瞬间的7分分差，此时若主裁判未下达口令终止比赛，记分器显示牌上显示的分数为有效分。

（3）警告、扣分都累计到最后得分，如比分为-1：6，分差仍是7分。若一个完整的交手回合后，分差达到7分的同时，主裁判判罚警告或扣分致使分差变为6分，比赛仍继续进行。

（4）当比赛中出现重击头部、主裁判读秒，击头后分差为6分，主裁判读秒追加1分后，分差为7分，主裁判终止比赛，判得分多者获胜。

（5）比赛分差为6分，出现击头动作分差达到8分，或击头读秒分差达到9分，主裁判终止比赛，判得分多者获胜。

八、顶分制胜

当一方运动员分值先达到12分（含扣分），比赛结束，比分多者获胜。

（1）当一方运动员分值先达到12分或12分以上，且领先对手2分或2分以上时，主裁判终止比赛，判得分多者获胜。例如，比分为10：12，分值多者获胜；若比分为11：12，比赛继续进行。

（2）一个完整的交手回合，双方运动员同时得分或先后得分，都按同时得分计。主裁判判罚警告或扣分致使分数变化，主裁判未下达口令终止比赛前，记分器显示牌上显示的分数为有效分，比赛仍继续进行。

参考文献

1. 杨世勇．体育科研方法论．成都：成都科技大学出版社，1989

2. 唐思宗，杨世勇．身体训练学．成都：成都科技大学出版社，1992

3. 金云龙．跆拳道（朝文版）．韩国跆拳道联盟，1995

4. 国家体委．中国跆拳道竞赛规则．北京：人民体育出版社，1995

5. 李奎珩，李基都．跆拳道．台北：台北市武陵出版社，1996

6. 中国跆拳道协会．全国跆拳道教练员培训教材，1996

7. 宾彦红，孙以煜．图解空手道新教程．海口：海南国际新闻出版中心，1996

8. 曾庆国．广东省普通高等学校体育课教学大纲——跆拳道，1997

9. 高谊，陈立人．跆拳道．北京：北京体育大学出版社，1998

10. 体育科学研究方法编写组．体育科学研究方法．北京：人民体育出版社，1998

11. 李德祥．跆拳道快速入门．北京：北京体育大学出版社，1999

12. 刘卫军．跆拳道．北京：北京体育大学出版社，2002

13. 曾庆国，刘学谦．跆拳道散打．广州：广东高等教育出版社，2004

14. 刘卫军．跆拳道规则问答．北京：北京体育大学出版社，2004

15. 曾庆国．现代跆拳道教程．广州：暨南大学出版社，2006